Sammlung Luchterhand 756

Über dieses Buch: Ernst Ginsberg (1904–1964), der große jüdische Schauspieler, aufgewachsen im kaiserlichen Berlin, erste Engagements und Erfolge während der Weimarer Republik in München, Düsseldorf, Berlin und Darmstadt, als Emigrant ab 1933 am Zürcher Schauspielhaus, später abwechselnd in München, Salzburg und Zürich, kam zum Schreiben erst, als er unheilbar krank wurde: In einer Zürcher Klinik entstanden Erinnerungstexte über die Kindheit, den Vater, über Antisemitismus und Emigration, über Bertolt Brecht und Else Lasker-Schüler, Aufsätze über das Theater und – gleichsam letzter Ausdruck eines endgültigen Abschiednehmens – Gedichte.

Über die Herausgeberin: Elisabeth Brock-Sulzer (1903 – 1981), Romanistin, arbeitete viele Jahre als Theaterkritikerin in Zürich. Veröffentlichungen (u. a.): Theater – Kritik aus Liebe, 1954; Friedrich Dürrenmatt. Stationen seines Werkes, 1960; Über Ernst Ginsberg, 1963.

Ernst Ginsberg
Abschied
Erinnerungen, Theateraufsätze, Gedichte

Herausgegeben von Elisabeth Brock-Sulzer

Luchterhand
Literaturverlag

Sammlung, Luchterhand, August 1988
Luchterhand Literaturverlag GmbH, Darmstadt. Umschlaggestaltung: Max Bartholl. Umschlagfoto: Max Jacoby. Druck: Wagner GmbH, Nördlingen.
Printed in Germany
ISBN 3-630-61756-5

INHALT

VORBEMERKUNG

Als ich in den vierziger Jahren zum ersten Mal mit Ernst Ginsberg länger zusammenkam – er wohnte damals in einem altmodischen kleinen Haus an der Englischviertelstraße –, sprachen wir von seinem Vater. Lange, genau. Daß wir nicht vom Theater sprachen, hatte seinen Grund nicht in der begreiflichen Scheu des Schauspielers vor dem Kritiker, einer Scheu, die Ginsberg nie ganz abgelegt hat, sondern darin, daß Ginsberg in seinem Vater eine Grundkraft seines Lebens sah. Das Gespräch endete dann damit, daß Ginsberg mit kaum verhaltenem Entzücken sagte: « Und denken Sie, mein Sohn will auch Arzt werden. Nicht Schauspieler. Arzt, wie mein Vater. Ich möchte, es gelänge. »
Zwanzig Jahre später trat der Verlag von Erhard Friedrich an mich heran, ich sollte ihm ein Schauspielerporträt schreiben, wer mich denn locken könnte. Ich nannte Ginsberg, erstens hatte ich sein künstlerisches Werden durch lange Jahre hindurch verfolgen können, und zweitens schien er mir durch die Vielfalt seiner Begabung in besonderem Maße geeignet, zu einem Porträt des heutigen Schauspielers schlechthin zu dienen. Ginsberg gab sein Placet zu dem Plan. Er spielte damals zum ersten Mal wieder in Berlin, und zwar den Robespierre in Rollands Revolutionsstück. Sein Auftreten in der alten Heimat wurde zu einem persönlichen Triumph. Außer jedem Zweifel schien es nun, daß er fortan in Berlin den Platz einnehmen würde, der ihm nach seiner Begabung zukam. Da überfiel ihn die Krankheit, die ihn anderthalb Jahre später fällen sollte, Lateralsklerose, unheilbar. Er stellte damals das Verzeichnis der von ihm gespielten Rollen zusammen, er sichtete Rollenbilder, er suchte Artikel, die er geschrieben hatte, zusammen. Es lenkte ihn von

der Krankheit wenigstens für Stunden ab, und es lenkte ihn hin zur Überschau über sein Leben.
Damals sprach er wieder von seinem Vater. Ob ich nicht fände, er sollte, bevor es mit ihm zu Ende ginge, noch über seinen Vater schreiben. Dieser deutsche Jude, national gesinnt wie nur je ein Deutscher, sei doch eine der Figuren gewesen, die, obwohl heute versunken, für ihre Zeit wichtig und bezeichnend seien. Natürlich riet ich ihm zu. Daß er mich überhaupt zweifelnd zu Rate gezogen hatte, wunderte mich nur deshalb nicht, weil er so oft gesagt hatte, ein rechter Schauspieler sollte eigentlich nicht schreiben. So ist das entstanden, was in diesem schmalen Band vereinigt ist. Denn das Bild des Vaters blieb nicht allein, die Erinnerung spann sich fort, die Kindheit stieg wieder auf, das frühe Berlin, die Schule und dann sehr bald das erste Wetterleuchten der Judenverfolgung. Und je mehr Ginsberg schrieb, während seine Krankheit fortschritt und ihn immer stärker hemmte, desto stärker wurde das Gefühl, das ihn in seinen letzten Lebensmonaten beherrschte, das Bedürfnis, zu danken. In der Rückschau erkannte er sein Leben als überreich, erkannte er, was alles, wer alles ihn gefördert hatte. Immer wieder sprach er von dem Guten, das ihm zuteil geworden war, von dem Bösen sprach er erstaunlich selten, ungern. Schließlich war ja der Anstoß zu diesen Erinnerungen durch den Vater gekommen, und niemandem wollte er rückhaltloser danken als ihm. Es war nicht zu überhören, daß in sehr vielen seiner stärksten menschlichen Bindungen gleichsam eine Sohnshaltung sich ausprägte. Ginsberg empfand sich als der Jüngere, der Empfangende, der glücklich Geleitete, glücklich zu sich selbst Ermutigte. So war sein Verhältnis zu dem nur wenig älteren Horwitz, so aber auch – und das war erschütternd und rührend zugleich – zu seinem Sohn, der jetzt wirklich Arzt geworden war: der Sohn hatte im Gefühl Ginsbergs die Nachfolge des Vaters angetreten, von ihm

fühlte sich der kranke Ginsberg behütet, sein eigenes, so gefährdetes, so außerordentliches Schauspielerleben erschien nun wie eine Insel inmitten einer zusammenhängenden wohlgeordneten Welt. Als ein Abenteuer im Stamm der Ginsberg. Vater und Sohn, das war die rechte Abfolge, dazwischen er, Ernst Ginsberg, ausgeliefert den unzähligen Rollen, ausgeliefert den unablässigen Neuschöpfungen, die das Ich zugleich bedrohten und bereicherten. Einen ewigen Jüngling hat ihn einmal ein Freund genannt. Ginsberg war es darin, daß er sich nie verfestigte, daß er immer im Werden blieb, daß ihn von den beiden Mächten, die nach Valéry die Welt bedrohen: Unordnung und Ordnung, nie die Ordnung bedrohte. Ordnung fand er beim Vater, dem Helfer, Ordnung später beim Sohn, der abermals ein Helfer geworden ist, Ordnung bei der Kirche. Es ist sehr seltsam, zu beobachten, wie sehr es Ginsberg drängte, als er sein Leben erinnernd noch einmal heraufrief, sich in eine Reihe männlicher Ordnung eingefügt zu sehen. In dem Gedicht: «An meine Enkel» steht der Vers

Wie nur ein Vater es kann ...

Ginsberg hatte später beim abermaligen Lesen plötzlich das Gefühl, er sei ungerecht gewesen, dem mütterlichen Element der Welt gegenüber achtlos, und er verbesserte

Wie nur Vater und Mutter es kann ...

Die Freunde sagten ihm dann, er solle doch die erste Fassung belassen, so sei es ihm spontan gekommen, und er habe nun einmal zu stehen zu dieser seiner Art. Ob diese sich durch die schwache Bindung an die eigene Mutter erklärt, sei dahingestellt. Ich würde meinen, in erster Linie habe doch die seelische Ausgesetztheit seines Wesens und seines Berufs diese Bindung an die männliche Welt bewirkt.
«An meine Enkel» ist ein Gedicht. Als Ginsberg sich einmal

auf das Wagnis des Schreibens eingelassen hatte, befreite er in sich auch, ihm selber überraschend, das Gedicht. Ginsberg hat einmal zu der Zeit, da er eine Sprechplatte mit Frauenlyrik für die Deutsche Grammophon-Gesellschaft zusammenstellte, mir gegenüber bemerkt, es sei doch seltsam, daß Frauen nur dichten könnten, wenn sie unglücklich seien. Nur Frauen? Ginsberg jedenfalls gehört auch zu dieser Art von Dichtern. Schon früher hatte er in einer Lebenskrise, die ihn an den Rand des Todes führte, Verse geschrieben, sie stehen in diesem Band unter dem Titel «Undine» vereinigt. Aus dem Jahre 1960 stammt dann das Gedicht «Jahr des Unglücks», offenbare Frucht der Erschütterung, die Ruth Ginsbergs Tod für ihren Gatten bedeutete. Es drückt ein Grundgefühl aus, das bald schon in der Begegnung mit der Krankheit übermächtig ausbrechen sollte. Die Undine-Gedichte sind Liebeslieder. Ihr Ton ist von demjenigen der in der letzten Lebenszeit entstandenen Gedichte sehr verschieden, ausgenommen die Verse, die Ginsberg an seine zweite Frau, Miriam Spoerri, gerichtet hat, zum Beispiel das so schöne «Freilassung». Diese Liebesgedichte sind schwebend, Ausdruck eines Erlebens, das Ginsberg selber wohl als abenteuerlich, die vorgezeichnete Bahn durchbrechend empfand. Sie haben etwas Inselhaftes, sie sind nicht einzuordnen, sie müssen für sich betrachtet werden. Die späten Gedichte sind anders. Fast immer sind sie Rechenschaft. Sie ziehen die Summe eines Lebens, sie rechnen ab. Ihr Grundthema ist das apprendre à mourir, das ein Montaigne als Ziel des Lebens bezeichnete. Ohne das Wissen um den baldigen Tod wären diese Verse nicht entstanden. Sie sprechen vom Umgang mit der Krankheit, von dem, was Ginsberg von Stunde zu Stunde die Wegzehrung für die letzte Straße gab, vom Glauben. Immer wieder.

Da stellt sich nun die Frage, wie weit solche Zeugnisse überhaupt noch literarisch zu beurteilen, zu behandeln seien. Es sind Verse darunter, die künstlerischer Würdigung nicht voll standhalten, die aber als Ausdruck eines Glaubensaktes ehrwürdig sind – geistig gesehen vielleicht ehrwürdiger als noch so tragfähige Literatur. Aber diese aliterarischen Wortgebilde sind gleichsam zum rein persönlichen Gebrauch bestimmt. Sie sind nicht für fremde Ohren. Wir haben sie deshalb hier nicht abgedruckt. Doch fiel dieser Entscheid nicht leicht. Ebensowenig haben wir Aufzeichnungen und Gedichte hier abgedruckt, die unmittelbar an Personen gerichtet sind, die nicht in öffentlicher Weise angesprochen werden wollten oder auf eine Weise von Ginsberg angesprochen worden sind, die mit Literatur nichts zu tun hat. Wir Heutigen haben eben, wahrscheinlich zu Unrecht, ein gestörtes Verhältnis zu dem, was man ein wenig kurzsichtig «Gelegenheitsdichtung» nennt, als ob nicht fast alles, was der Mensch schreibt, Gelegenheitsdichtung wäre. Frühere Zeiten dachten da anders. In den Gesammelten Werken unserer Lyriker steht sehr vieles, was reine Gelegenheitsdichtung ist, Dankgedichte, Gratulationsgedichte, ja auch Streitgedichte, Beleidigungen in Versen. Wäre Ginsberg vor allem ein Dichter gewesen, so hätte man diese Gelegenheitsdichtung wohl mitveröffentlichen müssen. Aber er war vor allem anderen ein Schauspieler – daß ihm in den Monaten, wo die Stummheit ihn langsam einkerkerte, das Gedicht geschenkt wurde, war im Letzten ein Ersatz, eine Kompensation. So wollten wir nur das Stärkste dieser Verse hier versammeln, nur das, was bestehen kann neben dem Schauspieler Ginsberg. Es ist nicht wenig.

Gewiß: die Einflüsse sind leicht aufzuspüren. Wie könnte es anders sein, als daß Ginsberg, der so viel getan hat zu der Neuentdeckung der barocken Lyrik, von dieser Sprachform sich oft bestimmen ließ. War er doch selber ein antithetischer Mensch, der zwischen den Extremen ausgespannt lebte, zwischen Gott und Teufel, himmelhochjauchzend, zu

Tode betrübt. Ein Gedicht wie «Duell» wäre ohne das barocke Vorbild undenkbar. Diese Lyrik wäre aber auch kaum denkbar ohne die Lyrik von Karl Kraus, dessen Prägegriff Ginsberg nicht entgangen ist und nie hätte entgehen wollen. Und sollte man etwa das Gedicht über das Karussell im Englischen Garten nicht abdrucken, weil Rilke ein ähnliches, über das Karussell im Jardin du Luxembourg, geschrieben hat? Die Schlußwendung ist denn doch verschieden in beiden. Es gehört zu der Aufgabe dieses Buchs, den Menschen Ginsberg auch als Aufnahmeorgan seiner Zeit zu zeigen, zu zeigen, wo er für einmal eher Zuhörer, denn Actor gewesen ist.

Aber wieder zurück zu den Erinnerungen. Bei der Beurteilung von Autobiographien erlegt es sich nicht nur auf, zu betrachten, was ein Mensch berichtet hat von sich selbst, sondern auch, was er nicht berichtet hat. Zu betrachten, was er vollgültig in Sprache übergeführt hat und was er außerhalb jeder literarischen Formung belassen hat – weil er es so wollte oder weil er es nicht anders konnte. Ginsbergs Erinnerungen haben in erster Linie dokumentarischen Anspruch, sie wollen eine Zeit und deren Menschen heraufholen, die zu wenig mehr gekannt werden, überschattet von einem apokalyptischen Geschehen, das, wie nur allzu begreiflich, die Sicht auf sie versperrt. Vor allem die Figur des national gesinnten deutschen Juden, der angesichts dessen 'was falsch verstandener deutscher Nationalismus an den Juden gesündigt hat, zu einem Don Quichote unserer Zeit werden mußte, blieb allzu lange verschüttet. Man muß ihn wieder ans Licht heraufholen, denn es gab seiner nicht wenige. Politisch haben sie die Rolle von Opfern gespielt. An sich aber lag in ihnen eine Möglichkeit gesunder Assimilation angelegt, die, wäre sie gelungen wie etwa in Frankreich oder England, eine der grauenhaftesten Missetaten der Geschichte verhindert hätte. Diese gläubigen Deutschen unter den Juden ha-

ben sich getäuscht, aber nur selten ist wohl politische Verblendung so maßlos vergolten worden wie in ihrem Fall. Sie wurden für ein schönes Vertrauen entsetzlich gestraft.
Dieser Band enthält nicht alles, was Ginsberg an Erinnerungen aufgezeichnet hat. Gegen Ende seines Lebens versagten sich ihm Zeit und Kraft. So bestand ein letztes, « Rückblick » überschriebenes Kapitel auf weite Strecken hin aus einer bloßen Aufzählung von ihm wichtigen und geliebten Menschen, von beglückenden Reisen auch, die ihn ja weit über unseren Erdteil hinaus führten. Diese Seiten haben wir nach langen Zweifeln weggelassen, ihr Interesse ist doch wohl allzu persönlich begrenzt. Doch müssen wir hier noch besonders auf einen Teil der Erinnerungen zurückkommen, der sich inhaltlich und formal deutlich von dem übrigen Text abhebt, auf den Bericht über seine Konversion. Er selber maß dem Ereignis grundstürzende Wichtigkeit bei, und so klar er auch die Schwierigkeit erkannte, über ein solches Geschehen auch nur einigermaßen zulänglich zu sprechen, wagte er es. Weil es sein Leben in der Mitte bestimmt hatte und weil er auch hier seine Dankbarkeit sagen wollte. Es ist nun unverkennbar, daß Ginsberg hier eine andere Sprache spricht. Er «konnte und wollte keinen ‹Hochland-Artikel› schreiben» – dies sein eigenes Wort. Er fühlte sich als einfältigen Christen und hat den Eintritt in die Kirche vollzogen im Willen, die wahre Einfalt zu erreichen. Der Hochkomplizierte, dialektisch Hochgebildete, dem die Fähigkeit zu theologischem Denken keineswegs abging, wollte gerade dieses hier nicht. Die Kirche, der Glaube waren ihm das durchaus Andere, von diesem Anderen konnte er nicht in seiner gewöhnlichen Sprache sprechen. Eine andere Ebene war betreten. Die Frage war nun, ob dieses Konversionskapitel überhaupt zu veröffentlichen sei. Ginsberg hat lange mit den Freunden darüber gesprochen oder geschrieben. Ja und Nein hielten sich in den Antworten die Waage. Nicht für

ihn. Er hatte das Bedürfnis, noch einmal Zeugnis abzulegen für das, was ihm ermöglicht hat, so zu sterben, wie er gestorben ist. Das Bedürfnis auch, seine Bindung an den Vater mit seiner religiösen Erfahrung zusammenzuschauen. Doch wäre es andererseits auch nicht ganz richtig, diesen Bericht einfach in die übrigen Aufzeichnungen einzureihen. Wir teilen ihn deshalb, nur unwesentlich gekürzt, innerhalb dieser Vorbemerkung mit.

«Etwa seit dem Jahre 1930 stand es für meine Frau und mich fest, daß wir zum katholischen Glauben übertreten wollten, ich vom Judentum her, sie vom Protestantismus. Was uns vorläufig von dem entscheidenden Schritt noch zurückhielt, war die Tatsache, daß wir den Juden gegenüber, die zweifellos einer schweren Prüfungszeit entgegengingen, keinesfalls als Deserteure vor dem jüdischen Schicksal erscheinen wollten. Als es sich dann aber als immer klarer erwies, daß die Verfolgungen keineswegs der Religion galten, sondern ausschließlich der Abstammung, wichen diese Hemmungen von uns, zumal es obendrein auch immer ersichtlicher wurde, daß auch die Kirche und die gläubigen Christen, soweit sie mit ihrem Glauben ernst machten, vom Nationalsozialismus als auszurottende Feinde betrachtet wurden.
Als wir endlich Ostermontag 1935 in der Kapelle des katholischen Akademikerhauses zu Zürich bei dem unvergeßlichen und unvergessenen Professor Richard Gutzwiller S.J. den Übertritt in die katholische Kirche vollzogen hatten, schrieb mir mein Vater, damals noch aus Berlin: ‹Ich beglückwünsche Dich und beneide Dich. Ich dürfte diesen Schritt nicht tun, weil er für mich nicht volle Wahrheit wäre. Ich habe zu viele Einwände und Schwierigkeiten. Aber ich kenne Dich und weiß, daß Du nichts tust, wozu nicht Dein ganzer Geist und Dein ganzes Herz ja sagt. Darum

beglückwünsche ich Dich, daß Du diese neue unverlierbare Heimat gefunden hast. Möge sie Dir und den Deinen eine gütige Mutter sein!›

So ungefähr hat er geschrieben. Später dann, in Zürich, saß er oft in den religiösen Vorträgen von Pater Gutzwiller mit aufmerksam angespanntem Gesicht und machte sich eifrig Notizen, über deren Inhalt er aber niemals mit mir gesprochen hat. Vielleicht aus der zartfühlenden Besorgnis, er könnte meine Glaubenssicherheit mit seinen Zweifeln beunruhigen ...

Er hatte auch verschiedene persönliche Gespräche mit Pater Gutzwiller geführt, über deren Inhalt mir beide nie etwas erzählt haben. Aber nach seinem Tode, bei seinem Begräbnis war es Pater Gutzwiller, der die Totenrede auf meinen Vater hielt, der Basler Jesuit geleitete den jüdischen Augenarzt aus Berlin auf dem Weg ins Jenseits ...

Ich bin oft von den verschiedensten Seiten aufgefordert worden, meinen Weg zur katholischen Kirche darzustellen. Ich habe immer eine große Scheu davor gehabt, aber im Zusammenhang mit diesen Erinnerungen möchte ich wenigstens versuchen, wie weit ich diesem schwierigen Thema mit Worten gerecht zu werden vermag. Freilich, das Wesentliche scheint sich mir Worten zu entziehen, denn die Geschichte jeder wie immer gearteten Konversion ist ja im Innersten eine Liebesgeschichte zwischen Gott und dem Menschen. Und schon Liebesgeschichten zwischen Mensch und Mensch bleiben im Innersten ein Geheimnis, dem nur Dichter sich zu nähern vermögen. – Außerdem darf, wer über diese letzten Dinge zu sprechen versucht, nie vergessen, daß er über einen Glauben spricht, nicht über ein Wissen. Das soll beileibe nicht heißen, daß die forschende, fragende Vernunft ausgeschaltet werden soll. Im Gegenteil! Sie soll bis an ihre äußerste Grenze angestrengt werden, nämlich bis dorthin, wo sie sich als unfähig erkennen muß, sich dem Unerklärlichen noch weiter zu nähern.

Ich glaube, der erste Schritt zum Religiösen überhaupt ist das Erlebnis des erschütternden Geheimnisses, in das unser ganzes Sein gebettet ist: Geburt, Liebe und Tod. Ich habe seit meinen Knabenjahren in keiner Phase meines Lebens jene nüchternen Rationalisten begreifen können, für die ein Grashalm ein Grashalm, ein Tisch ein Tisch und ein Herz ein Herz ist, ohne daß sie von dem völlig unfaßlichen Rätsel, das in allem atmet, angerührt werden. Daß Welt und Leben ein Geheimnis sind und bleiben, trat mir immer am tiefsten und unerklärlichsten in der Musik entgegen, deren Wirkungen sich ja jeder rationalen Erklärung entziehen.

Der nächste Schritt, ist man einmal von diesem Geheimnis ergriffen, ist das Suchen nach Dem, der sich darin verbirgt. Und hier, in dem Ja zum Dasein Gottes, das durch keinen noch so scharfsinnigen rationalen Beweis zu belegen ist, das aber kaum ein fühlendes Herz zu leugnen wagt, geschieht die erste Glaubensentscheidung. Der Atheismus – fraglich, ob es überhaupt einen wirklich radikalen Atheismus gibt – hat ebenso wenig Beweise gegen das Dasein Gottes, wie der Gläubige dafür hat. Sonst wäre es eben Wissen und nicht Glauben ... Mir persönlich hat sich im Laufe meiner Entwicklung lediglich das Bild Gottes von kindlichen zu vergeistigten Formen gewandelt. An seinem Dasein vermochte ich niemals auch nur zu zweifeln. Alles auf der Welt scheint mir von Ihm zu sprechen, und es scheint mir kein Zufall, daß unter den größten Geistern der Menschheit nur verschwindend wenige sind, die Gott geleugnet haben.

Ebenso vermochte ich von früher Jugend an nicht, an der Unsterblichkeit zu zweifeln. Es scheint mir, daß das Glücksverlangen und die Glücksvorstellungskraft jedes Menschen so weit über das hinaus gehen, was selbst das glücklichste Leben, geschweige ein unglückliches, zu erfüllen vermag, daß es eine für mich unvorstellbare Grausamkeit Gottes wäre, eine so gewaltige und irdisch unerfüllbare Sehnsuchtskraft in

…gen, wenn dieser Sehnsucht nicht …lem Tode Genüge leistete.

…hrung des Gläubigen ist die in kei- …sbleibende persönliche Schuld, mit …stieren hat. Und hier nun tritt die …stamentes, die Botschaft von Gottes …r Sündenvergebung, die Botschaft von Christus an den Menschen heran. Ich kann mir keinen unverbildeten, unvoreingenommenen Menschen vorstellen, der von Gestalt, Leben, Tod und Lehre Christi nicht bis ins Innerste zu erschüttern wäre. Selbst Goethe, der ‹alte Heide›, bekannte seine Überzeugung, daß die Menschheit über die Höhe des Neuen Testamentes nicht mehr hinaus zu gelangen vermöge.

Ganz gewiß sind in allen großen Weltreligionen echte, tiefe und große Weisheiten enthalten. Aber ich glaube, daß Worte wie z. B. die der Bergpredigt dem tiefsten menschlichen Verlangen nach Wahrheit und Güte in einer Weise entsprechen, wie sonst nichts auf der ganzen Welt. Für mich persönlich – und da ich kein Theologe bin, kann ich immer nur subjektiv reden – ist die Lehre Christi die volle Erfüllung des Judentums, und nichts konnte absurder sein, als jene Zeiten, in denen sich in der Kirche antisemitische Tendenzen breit machten, als wären Christus, Joseph und Maria und die Jünger nicht allesamt Juden gewesen ... Nun stellt sich die entscheidendste Glaubensfrage: Was hältst du von Christus? Und da will mir scheinen, daß es jeder Vernunft widerspricht, in ihm lediglich eine besonders große Persönlichkeit zu sehen, etwa den größten aller jüdischen Propheten. Denn ein *Mensch*, der Worte sagt wie ‹Himmel und Erde werden vergehen, aber meine Worte werden nicht vergehen› – Worte, denen sich viele entsprechende an die Seite stellen lassen, zugleich auch Worte, wie sie niemals einer der Propheten von sich zu sagen gewagt hat –, ein solcher Mensch wäre nur als größenwahnsinnig zu bezeichnen, wozu die ganze, zugleich gewaltige und demütige Erscheinung Christi in lebendigem Widerspruch steht. Es bleibt also sogar vom rein rationalen Standpunkt aus, vorausgesetzt, daß man vom Wesen Christi in Liebe ergriffen ist, keine andere Wahl, als ihm seinen Anspruch, Gottes Sohn zu sein, schlicht zu glauben!

Das Siegel auf diesen Glauben aber drückt das Faktum der Auferstehung. Ist Christus nicht auferstanden, dann ist unser Glauben auf Sand gebaut. Aber auch hier zunächst ein ganz rationales Argument: bekanntlich haben alle Jünger Christus bei seiner Gefangennahme feige verlassen. Die selben Jünger sind nach seiner Auferstehung in Helden verwandelt, die jedem Martyrium standhalten! Wie will man sich einen so ungeheuren Wandel erklären? Nur durch ein haltloses Gerücht?

Ist Christus auferstanden – und ich wiederhole nochmals, daß die Vernunft zwar zu großen Wahrscheinlichkeitsbeweisen gelangen kann, daß aber einzig der Glaube die letzten Entscheidungen zwischen Ja und Nein fällt –, dann haben wir nichts anderes zu tun, als seine Lehre gläubig, dankbar, mit all unsern armseligen, menschlichen Kräften aufzunehmen und zu befolgen. Ich weiß, es bleiben der Fragen viele: die lastende Existenz des Bösen in der Welt, der Zustand unserer Welt nach 2000 Jahren Christentum, die Uneinheit der christlichen Kirchen und viele andere das Mysterium streifende Fragen, auf die hier einzugehen nicht meines Amtes ist, zumal es auch den Rahmen dieses kleinen Bekenntnisses sprengen würde.

Unwiderleglich aber scheint mir festzustehen, was mich schon mein Vater, im Widerspruch zu seiner eigenen fortschrittstrunkenen Zeit, lehrte: Bei allen stolzen Entdeckungen und Einsichten, die der menschlichen Vernunft bisher vergönnt waren, ist der Raum des Unentdeckten und Unbegreiflichen um ein Unendliches größer als der uns vertraute und von uns relativ beherrschte Raum. Das Unerklärte umschließt und überwölbt das Erklärte in unvorstellbarem Ausmaß. Bedenken wir nun, wieviel ergreifende und geheimnisvolle Sinnfülle wir in Natur und Leben wahrzunehmen vermögen und wie tief unserem Herzen und unserem Geist das Bedürfnis nach dem Sinn des Daseins und das Suchen nach diesem Sinn eingeboren ist, dann, so scheint mir, drängt sich gegenüber dem Grauen des scheinbar Sinnlosen, ja Sinnwidrigen, mit dem wir immer wieder im Leben so beängstigend konfrontiert werden, nicht nur als Demutshaltung des Glaubens, sondern auch und gerade der Vernunft die Haltung Hiobs auf, schweigend «die Hand auf den Mund» zu legen, in dem unerschütterlichen Vertrauen, daß der verborgene Gott wirklich und wahrhaftig alle Tränen abwischen und alle irdische Finsternis in himmlisches Licht verwandeln kann und verwandeln wird. Der denkende und fühlende Mensch hat nur die Wahl zwischen diesem Glauben und der restlosen Verzweiflung. Er muß sich in Freiheit und bewußt entscheiden. Ich bin überzeugt, daß selbst eine Kraft wie der Kommunismus, soweit er seine pseudoreligiöse Macht aus den Ideen der Freiheit, Gleichheit und Brüderlichkeit bezog, ohne das Christentum undenkbar gewesen wäre. Denn wie könnte Brüderlichkeit sich stärker begründen, als in der Existenz eines gemeinsamen Vaters und in der Liebe Christi?

Wenn man mich nun fragt, warum ich die katholische Konfession angenommen habe, so kann ich nur schlicht erwidern: weil ich glaube, daß in ihr die Lehre Christi, die den einfachsten wie den philosophischsten Kopf, gleich welcher Rasse und Hautfarbe, zu befriedigen vermag, am reinsten durch die Jahrhunderte getragen worden ist. Ich sage das im vollen Bewußtsein all der Zeiten, in denen die Sache Christi gefährdet, ja verraten schien. Das Wort ‹Die Pforten der

Hölle werden sie nicht überwinden› [die Kirche], hat sich immer wieder aufs erschütterndste bewährt.
Für mich persönlich kommt hinzu, daß mich eine objektive religiöse Form wie der Katholizismus, der im wesentlichen – in der Messe – ganz unabhängig von der privaten Qualität des amtierenden Geistlichen ist, mehr überzeugt und tiefer befriedigt, als etwa ein protestantischer Gottesdienst, der bei einem unzulänglichen Prediger in sich selbst zusammenfällt. So scheint es mir wenigstens ... Versuche ich, mir eine Welt ohne die Kirche vorzustellen, so ist es, als wenn alles grau würde und die Farben des Lebens verlore.
Ich will aber diesen kleinen Versuch, Rechenschaft über meinen Glauben abzulegen, nicht beenden, ohne noch einmal wie zu Beginn meine Ohnmacht diesem gewaltigen Thema gegenüber zu bekennen. Ebenso aber bekenne ich mit Dankbarkeit, daß der Glaube die Freude, das Glück, der Trost und der Segen meines Lebens und des Lebens der Meinigen gewesen ist und daß ich in den Tagen, in denen ich dieses schreibe, die letzte Bestätigung und Stichhaltigkeit dieses Glaubens erfahren durfte: Angesichts des Todes, dem mich eine schwere Lähmungskrankheit entgegenführt, die für einen Ungläubigen nur mit einer Tat wie der Hemingways zu beenden wäre, die der Glauben aber im Blick auf das Kreuz zu ertragen vermag.»

Etwas anderes muß gerade hier noch gesagt werden. Die Menschen, die Ginsberg genau kannten, wissen, daß an seiner Bekehrung zum Katholizismus Dela Horwitz, die Frau von Ginsbergs engstem Freund, entscheidend beteiligt war. Ginsberg hat sie nicht genannt. Er hat wohl von ihr gesprochen in einem Gedicht «An die Freunde», das seinerseits nicht literarischen Anspruch erheben kann, noch auch eigentlich erhebt. Gesprochen in lapidarem Lob. Und ganz zuletzt noch hat er von der Freundschaft mit Kurt Horwitz, seiner Frau und seiner Tochter gesprochen als von einer «menschlichen und künstlerischen Verbundenheit, wie sie in unserer kühlen, von Interessenverbindungen bestimmten Zeit zu den seltensten Glücksfällen gehört», und hat dazu Claudius zitiert: «Es gibt Freundschaften, die im Himmel beschlossen und auf Erden vollzogen werden.» Aber wie die Bekehrung gehörte Dela Horwitz ganz offensichtlich einer Ebene an, die Ginsberg instinktiv von der künstlerischen unterschied. Sie war eine außerordentliche Frau, Kurt Hirschfeld hat sie mir gegenüber einmal das «Gewissen des Schauspielhauses» genannt. Sie war für alle ihre Freunde eine Art Gewissen. Unerbittlich, keinem Kompromiß geneigt, zu keinem Kompromiß fähig, von unbegrenzter Liebeskraft, für sich selbst asketisch, für ihre Umwelt sich verströmend, von einer «blühenden Trauer» ... Ich habe selten mit Ginsberg über sie gesprochen; wenn ich mir überlege warum, so finde ich keine andere Erklärung, als daß sie uns beiden eine Selbstverständlichkeit war, untrennbar von unserem Leben. Er hat sie also nicht genannt, als er über seine Konversion schrieb, den Pater Gutzwiller und Kurt Horwitz hat er genannt – abermals männliche Zeugen, Einordnung in männliche Ordnung.

Aber auch – und das ist nun noch viel kennzeichnender – über Ruth Ginsberg hat ihr Mann eher wenig geschrieben, über diese Frau, von der Berthold Viertel gesagt hatte, sie sei «ein wirklicher Engel», welches Wort Ginsberg als prophetisch empfand. Er hat natürlich von Ruth Ginsberg in dem «Rückblick» ergriffene Worte gesagt, wahre Worte, die sich aber nicht dichterisch auskristallisiert haben. Einmal hat er ein kurzes Gedicht über sie verfaßt, sein Inhalt ist die Erklärung, warum er über sie *kein* Gedicht geschrieben habe ... Alle Menschen, die Ginsberg näher gestanden haben, wissen, was ihm seine Frau bedeutete, und sie wußten es durch ihn. Sie war ihm Grund und Boden, sie war Beständigkeit, wie es nur ein Mensch für einen anderen sein kann. Ginsberg brauchte einen solchen Menschen. Sein zwischen den äußersten Ausschlägen des Lebens ausgespanntes Dasein hatte diesen Kontrapunkt nötig. Er wußte es immer, wußte auch, was er seiner Lebenspartnerin damit auflud. Aber noch einmal: Ruth Ginsberg wurde ihm nicht Dichtung. Im Leben eines jeden Menschen, dem Kunst ein Absolutes bedeutet, kommt wohl einmal die meist schmerzhafte Erkenntnis, daß Kunst nicht Ersatz für Religion sein kann, daß es ein Letztes gibt, das sich der Kunst ohne Wenn und Aber versagt. Seine Ehe war für Ginsberg ein solches Letztes, wenig besprochen, sich dem Wort entziehend – wie die Konversion. Das heißt nun nicht, daß Ruth Ginsberg ohne Beziehung zu Ginsbergs künstlerischem Schaffen gestanden hätte. Sie, die ihren Schauspielerberuf aufgegeben hat, als sie ihn heiratete, sie, die durch ihre Herkunft mit dem Theater und der Literatur eng verbunden war, lebte mit ihm seine ganze unmenschlich große Arbeit ohne jede Schonung ihrer Kräfte durch. Und sie war eine zarte, liebliche Frau, an der alles, was sie zu tun vermochte, immer wieder als etwas Unbegreifliches erstaunte. Aber eben auch hier hätte Ernst Ginsberg wohl gesagt wie anläßlich der Konversion: «... das Wesentliche scheint sich mir Worten zu entziehen, denn die Geschichte jeder wie immer gearteten Konversion ist ja im Innersten eine Liebesgeschichte zwischen Gott und dem Menschen. Und schon Liebesgeschichten zwischen Mensch und Mensch bleiben im Innersten ein Geheimnis, dem nur Dichter sich zu nähern vermögen ...» Die Ehe Ginsbergs war eine Liebesgeschichte, aber kein Abenteuer, so erschütternd ein solches auch in einem wesentlichen Menschenleben sein kann.

Eine andere und auf jeden Fall bedauerliche Lücke dieser Aufzeichnungen ist, daß Ginsberg nur so wenig von seinem schauspielerischen Wissen, das groß und klar war, darin mitteilt. Allerdings sind da die beiden magistralen Aufsätze über die «Entmündigung des Schauspielers» und über den «Gespielten Schmerz» sowie die weniger umfangreichen, aber nicht weniger gewichtigen Anmerkungen zu einzelnen Stücken und Rollen. Ich darf nicht bezweifeln, daß Ginsberg sehr viel mehr über seine Arbeit noch aufgezeichnet hätte, wäre nicht kurz vor seinem Tode das Buch erschienen, das ich über ihn zusammengestellt habe. Ich habe mich natürlich oft gefragt, ob ich damit nicht voreilig, vorwitzig gehandelt hätte. Aber wie konnte man das Kommende ahnen? Und zudem: Hätten Ginsbergs Kräfte wohl ausgereicht, mehr zu schreiben, als er es in seinen Krankheitstagen getan hat? Er hat ja jeden Augenblick, jeden Rest von Lebenskraft noch genutzt. Er selber jedenfalls hatte den Eindruck, die beiden großen Aufsätze enthielten das Wichtigste, was er zum Schauspieler zu sagen habe. Und daß er mir auftrug, die Herausgabe dieser Erinnerungen zu besorgen, ist doch wohl ein Zeichen, daß er jenes Buch nicht als voreilig empfand.

Neuland war für ihn das Gedicht, eine neue, bestürzende Entdeckung im eigenen Geist. Die Thematik dieser Gedichte ist eng umgrenzt. Es fehlt darin fast ganz der lachende Ginsberg, der streitbare Ginsberg. In dem Vierzeiler «Künstliche Ernährung» klingt das Lachen durch, ein unheimliches Lachen, das Lachen des großen Mutes. Könnte man sich Ginsberg gesund *und* schreibend denken, so nähme wohl dieser Ton einen großen Teil des Werks ein. Denn Ginsberg war ja ein Komiker, der dem Tragiker Ginsberg gewachsen war. Und er hätte Molière nicht so lieben können, wie er es tat, hätte er im Grunde die Welt des Komischen nicht mindestens gleich hoch gestellt wie die des Tragischen. Bis zu allerletzt war ihm der Witz gegeben. Das letzte Wort, das er mir bei meinem letzten Besuch über die Buchstabentafel sagen ließ, war ein Witz. Ich werde ihn nicht wiederholen, nur er durfte ihn machen. Aber ohne seine Krankheit hätte Ginsberg wohl noch sehr lange Theater gespielt, hätte gedichtet im Spiel mit Gebärden und Worten, die den lebendigen Menschen zum Instrument anfordern. Das hätte ihm genügt, das hätte auch an sich genügt. Er stand als Robespierre auf der Höhe seines Schaffens. Leidenschaftlich hingegeben an das Spiel, klug sichtend unter seinen Gaben und der an ihn gestellten Forderungen, kritisch wägend unter dem, was die Zeit hervorbrachte. Das Gedicht hätte er wohl vor allem als Sprecher gehegt. Wie wahr das ist, sagt uns die Empfindung, die immer wieder zu diesen Versen eines hellsichtig Sterbenden die große, rein gestimmte, machtvoll beherrschte Stimme Ginsbergs hinzuhört. Wie muß es ihn gejammert haben, daß er ein Gedicht wie «Abschied von der Sprache» oder «Krankenhaus Neumünster» nicht selber zum Klingen bringen durfte! Wir ermessen es, wenn wir an jenen Moment zurückdenken, als Harriet Klaiber, die zu den verehrungswürdigen Helfern gehört, ohne welche dieses Buch kaum möglich geworden wäre, ihn mehr nur zufällig ihre Zeichnung sehen ließ, die Ginsberg als Harpagon zeigt, wie er die Bühne in irrem Wirbel durchfegt. Der das Wort nicht mehr Meisternde schrie wie ein verwundetes Tier bei diesem Anblick. Sonst aber war Lächeln, Lachen, Güte, Ruhe, selten die Träne. Und wenn Tränen, dann die lacrimae rerum, von denen Vergil geschrieben hat.

Elisabeth Brock-Sulzer

ERINNERUNGEN

Für den, dessen Leben sich dem Ende zuneigt, ist es ein Gebot, der Empfindungen, die durch diesen seinen Organismus gegangen sind, so viel ihm möglich ist zu sammeln. Nur wenigen wird es gelingen, auf diese Art ein Meisterwerk zu schaffen – Rousseau, Stendhal, Proust –, aber alle müßten solcherart etwas aufbewahren können, was ohne diese leichte Anstrengung für immer verlorengehen würde. Ein Tagebuch führen oder in einem bestimmten Alter seine Erinnerungen schreiben, müßte ‹von Staats wegen verordnet› sein: der Stoff, der sich nach drei, vier Generationen aufgehäuft hätte, würde einen unschätzbaren Wert darstellen: viele psychologische und historische Probleme, die die Menschheit peinigen, würden sich lösen. Es gibt keine Erinnerungen, mögen sie auch von unbedeutenden Persönlichkeiten geschrieben sein, die nicht gesellschaftliche und geradezu malerische Werte ersten Ranges enthielten.

Giuseppe Tomasi di Lampedusa

Wie anfangen? Wo beginnen? Wie heutigen Menschen jene Zeit, in die die ersten zehn Jahre meines Lebens fielen, die Zeit vor 1914, glaubhaft und anschaulich machen? Jene Zeit, die nur knappe sechs Jahrzehnte zurückliegt in ihrem Nebeneinander von Rührendem und Lächerlichem, Großartigem und Verhängnisvollem: diese uns weltenferne, scheinbar unschuldige, kindlich optimistische Zeit, die, berauscht von Technik und Fortschritt, nur noch das Paradies auf Erden erwartete, eine Zeit, in der die dunklen Prophetien eines Jakob Burckhardt und die Ahnungen der zeitgenössischen Kunst ganz unglaubhaft schienen ...
Das großbürgerliche Haus, in dem ich geboren bin und meine ganze Kindheit verlebte, Königgrätzerstraße 100a, nahe der Hedemannstraße, ist heute ein riesiger Unkrautacker. Damals ging man durch das große Tor über einen steinernen Hof – auf dem die Straßensänger und Leierkastenmänner ihre unvergeßlichen Melodien hören ließen, die vom klatschenden Geräusch heruntergeworfener eingewickelter Geldstücke beendet wurden – durch eine Unterführung in den großen Garten, wie es deren so viele in Berlin gab. Dieser riesenhafte, unförmige, asphaltierte Steinhaufen Berlin birgt ja so viel Natur wie wenige Großstädte. In jenem Garten gab es vor allem einen großen, alten Nußbaum, Kastanien und viele wilde Büsche, einen großen, mit morschen Brettern eingezäunten Sandspielplatz und eine kleine, alte, romantische Laube, die immer aussah, als wollte sie gleich zusammenbrechen. In dieser hing die Kinderschaukel, deren Benützung durch den recht wackeligen Zustand dieser Laube immer zu einem besonders aufregenden Erlebnis wurde. In dem Garten befand sich auch eine Remise, in der ein paar Zugpferde untergebracht waren, die manchmal frei im

Garten herumliefen, wobei eines der Pferde die seltsame Angewohnheit hatte, auf die jüngere meiner beiden Schwestern zuzutraben und sie mit der Schnauze vor sich her durch den Garten zu treiben. Sie hat mir später gestanden, sie habe geglaubt, das Pferd wolle sie bestrafen. Denn sie hatte es, wenn es angebunden im Stalle stand und sie sich sicher fühlte, mit den fürchterlichsten Schimpfworten bombardiert.

Ich erinnere mich, daß es für mich eine kleine Sensation war, wenn der Nußbaum seine Blüten abwarf, die Blütenblätter, Staubgefäße und Stempel mit den Nägeln abzuknipsen, um die winzigen Tröpfchen Honig auf dem Blütenboden mit der Zunge zu schlecken. Das war das Bienenspiel. Im Herbst durften wir die Nüsse, die von selber herunterfielen, für uns behalten, und ich meine noch heute, den frischen, herben Geruch der mit Erde beschmutzten Nüsse zu riechen und den süßen Geschmack ihres Inhalts zu schmecken. Übrigens trug ich zum Schutze vor Schmutz und Charakterfehlern immer eine Schürze, auf der in großen, roten Buchstaben gestickt war «Sei artig!» Ich selbst konnte das freilich nicht lesen.

Dadurch, daß unser Garten an einen gleich großen des Nebenhauses angrenzte, von dem er nur durch einen alten, rostigen Drahtzaun getrennt war, erschien dieser ganze Flecken von Natur viel größer, als er in Wirklichkeit war. Wir hatten auch mit den Kindern des Nachbargartens in diesen Drahtzaun eine kleine Öffnung gerissen, so daß wir uns auf Indianer-Manier jederzeit besuchen konnten, ohne daß die Eltern etwas davon merkten. Auf diesen Garten schaute der große, graue Balkon unserer Wohnung im ersten Stock herunter. Von dort aus kontrollierte uns unser Kinderfräulein, «Rolli» genannt, eine große, schöne Blondine, die aus Brandenburg zu uns gekommen war und deren Hauptleidenschaft es war, am Klavier zu sitzen und zu singen. Ihr Lieblingslied hieß:

«Ich schieß den Hirsch im wilden Forst, im tiefen Tal das Reh,
Den Adler auf der Klippe Horst, die Ente auf dem See.
Kein Ort, der Schutz gewähren kann, wo meine Büchse zielt,
Und dennoch hab ich harter Mann die Liebe auch gefühlt.»

Das Lied hatte viele Strophen, und der immerwiederkehrende Refrain wurde von ihr mit tränenerstickter Stimme gesungen. Erst viele Jahre später begriff ich, daß sie mit diesem harten Mann ihren Schwager, einen Förster, besang, mit dem sie ihre eigene Schwester betrog, bis er sie schließlich heiratete. Von ihr lernten wir Judenkinder – von der Art unserer seltsam unjüdischen Erziehung werde ich noch später berichten – alle christlichen Weihnachtslieder, die wir mit echter Andacht und Begeisterung an dem bei uns wie bei Christen gefeierten Weihnachtsfest unter dem Tannenbaum sangen.

Eine besonders skurrile und phantasieanregende Figur war die alte Näherin, die im hintersten Zimmer der langgestreckten Berliner Wohnung saß, einer Art Turmzimmer wie im Märchen vom Dornröschen, und dort die Näharbeiten für die Familie ausführte. Sie hieß Frau Lasanske und wurde von uns «Nanatz» genannt; sie trug eine Brille, die ihre Augen ganz unnatürlich groß erscheinen ließ, konnte herrlich Märchen erzählen und war eine Seele von einem Menschen, in ganz altväterischem Sinne der Familie ergeben. Ich erinnere mich, daß sie jedesmal, aber wirklich jedesmal, wenn ein Märchen zu Ende erzählt war, einen Spruch sagte, der damit anfing: «Arbeit macht das Leben süß, macht es nie zur Schande» ... und gleich darauf begann ihre Nähmaschine wieder zu schnurren.

Dann gehörte noch zu unserem Hausstand die Köchin Pauline, dick, rund, rotbackig, wie aus einem Kinderbuch.

Jahrzehnte lang bei uns im Dienst, bis sie – eine für uns damals unvorstellbare Tragödie – als Diebin entlarvt und entlassen wurde.
Meine Eltern waren beide in Berlin aufgewachsen. Die Familie meines Vaters war vor zwei Generationen aus Polen nach Deutschland gekommen. In Lodz besassen sie eine große Spinnereifabrik. Wie es bei vielen jüdischen Familien in Deutschland Gewohnheit war, blickte man auf die sogenannten «polnischen Juden», die Galizier, mit Verachtung herab, obwohl man, tiefer besehen, nicht den geringsten Anlaß dazu hatte, denn das ernsthaft Jüdische war bei diesen armen polnischen Juden lebendiger als bei denen, die sich in Deutschland möglichst rasch zu assimilieren suchten. So habe ich außer einem sehr kurzen Unterricht bei einem älteren jüdischen Fräulein, das mir die wesentlichen biblischen Geschichten beibrachte, eigentlich erst viel später etwas vom wirklichen Wesen des Judentums kennengelernt.
Ich habe bereits von Kind an und nach dem Eintritt der Pubertät in noch höherem Maße einen tiefen Widerwillen gegen die Oberflächlichkeit empfunden, mit der die Familie meines Vaters – die Großmutter führte ein schönes und recht großes Haus in der Nähe des Tiergartens – die jüdischen Festtage beging. Man gehörte zur sogenannten jüdischen Reformgemeinde und ging ganz selten in die Synagoge, in der eine Art von verwaschenem Liberalismus herrschte, der es z. B. ermöglichte, daß ich einmal eine verherrlichende Predigt über Nietzsches *Zarathustra* zu hören bekam. In einer jüdischen Synagoge!
An den Festtagen traf sich die weitverzweigte Familie, oft an die fünfzig bis siebzig Menschen, im Hause meiner Großmutter, wo – zum mindesten will es mir in der Erinnerung so scheinen – das Festessen die Hauptsache war; und wenn gefastet wurde, so sah alles nervös auf die Uhr, wann diese schreckliche Zeitspanne endlich ihrem Ende entgegen-

ginge. Das Seltsame war, daß dieser jüdische Menschenschlag, der ohne tiefere religiöse Bindung an das Judentum und auch dem rassisch nationalen Zusammengehörigkeitsgefühl des Zionismus feindlich war, dennoch aus einem schwer erklärbaren Gewohnheitstrieb jeden, der sich vom Judentum entfernte oder gar lossagte, empört verachtete.

Mein Vater – er trug der damaligen Wagnerschwärmerei gemäß den Namen Siegmund [Siegfried wurde ja geradezu ein jüdischer Name] – war ein Wahrheitsfanatiker. Er ertrug die Halbheiten, die Charakterlosigkeiten, die Faulheit dieser Mentalität nur mit Widerwillen. Lieber als ein so verwässertes Judentum war ihm gar kein Judentum und statt dessen der volle Einsatz für ein Leben in Deutschland, unter Deutschen, mit Deutschen. Ich werde später noch viel darüber zu sprechen haben. Ich möchte aber an dieser Stelle, um Mißverständnisse zu vermeiden, betonen, daß er sein Judentum, seine jüdische Herkunft niemals verheimlicht hat. Er war nicht etwa der Typus jener Assimilanten, die ihre Herkunft zu vernebeln versuchten. Im Gegenteil, er war von beinahe provokatorischer Offenheit. Im Ersten Weltkrieg fuhr er in seiner Arztuniform einmal mit andern Offizieren zusammen im Abteil und hörte, wie ein Major den Anwesenden laut erklärte, bei ihm sei es geradezu so, daß er es rieche, wenn ein Jude in seiner Nähe sei, worauf mein Vater scharf, aber höflich fragte: «Haben Sie heute Schnupfen, Herr Major?»

Uns Kindern sagte er: «Ihr seid Juden. Ihr habt euch anständiger zu benehmen als die andern; von euch schließt man auf alle!»

Mein Vater studierte Medizin in Straßburg und Heidelberg, und wie es sich damals gehörte, hatte er natürlich auch eine Mensur. Über seine große Adlernase zog sich ein kleiner schwärzlicher, gepunkteter Strich, als ob jemand mit der Nähmaschine darüber gefahren wäre. Wir Kinder fragten ihn einmal, ob denn das nicht furchtbar weh getan habe, worauf mein heroischer Vater antwortete: «Überhaupt nicht! Kinder, diese Degen sind so scharf, daß man gar nichts spürt. Es war so, daß mein Gegner plötzlich den Degen senkte und sagte: ‹Herr Doktor, Sie verlieren ihre Nase!›. Natürlich, nachher beim Nähen, da mußte man die Zähne zusammenbeißen.»

Mein Vater war später auch leidenschaftliches Mitglied eines Turnvereins. Ich besitze ein rührendes Bild, wo er, ein bereits etwa sechzigjähriger Mann mit einem kleinen Spitzbart, mit ernstem Blick am Reck hängt. Das Bild erinnert an Ringelnatz': «Wenn er wie Christbaumschmuck im Nesthang hing». Die liebenswürdigste Auswirkung seiner Mentalität war seine echte, tiefe und leidenschaftliche Naturliebe. Er war ein begeisterter Alpinist, der im Tirol und im Engadin fast alle Gipfel bestiegen hat. Die übrige Familie betrachtete ihn teils mit Bewunderung, teils mit Ironie. Man sagte: «Siegmund hat G. N.», ein häßliches, dem christlichen «Saujud» entsprechendes Wort «Gojm Naches», d. h. Liebhabereien wie die verachteten Christen.

Wie bei vielen Medizinern spielte auch für meinen Vater die Musik eine große, unter den Künsten vielleicht die größte Rolle. Er spielte selbst Geige, und ich wüßte kaum etwas Charakteristischeres für diesen urpreußischen, unglaublich energischen und hingabefähigen Mann zu erzählen als das, was er aus Liebe zu ihr, seiner Geige, geleistet hat: Er war mit etwa dreißig Jahren so weit, daß er bei den alle vierzehn Tage in unserer Wohnung stattfindenden Quartettabenden die zweite Geige, selbst bei den letzten, schwersten Beethoven-Streichquartetten, spielen konnte. Da bekam er am Zeigefinger der linken Hand eine bösartige Vereiterung, die eine Operation nötig machte, infolge derer dieser Finger wesentlich verkürzt wurde, so daß er nicht mehr auf die g-Saite hinübergreifen konnte. In dieser Situation, in der sein geliebtes Geigenspiel schicksalhaft beendet zu sein schien, ließ mein Vater sich die Geige umbauen, ging zu dem alten Professor Andreas Moser – dem Biographen von Josef Joachim – und begann von Grund auf neu zu lernen. Links! d. h. er griff mit der Rechten und führte den Bogen mit der Linken. Er übte in jeder freien Minute, und zwar wirklich so, wie es die strengste Geigenschule vorschrieb; er war imstande, an ein und demselben Takt eine halbe Stunde lang zu üben. Für unsere Kinderohren klang der zuerst natürlich sehr zittrige Ton qualvoll, so daß ich als Kind in ehrlichem Mißverständnis sagte: «Vatchen übelt.» Aber mit etwa fünfzig Jahren war es geschafft, und mein Vater spielte wieder die zweite Geige in den schwersten Quartetten. Für uns Kinder waren diese Quartettabende unvergeßlich stimmungsvoll. In den ersten Jahren blieb die Tür zum Kinderzimmer offen, so daß wir die ganze klassische Quartettmusik in unsern Halbschlaf hinein klingen hörten. Als wir größer waren und selber Instrumente zu spielen begannen [als Kind spielte ich Trompete, später auch Geige], bekamen wir kleine Partituren in die Hand gedrückt und saßen im Salon am Boden auf dem Teppich, zuhörend und mitlesend. Es wurden jeweils drei Quartette gespielt; zwischendurch gab es Rotwein und Napfkuchen, und die Stimmung war von einer innerlichen, schlichten Festlichkeit, wie es sie heute wohl kaum mehr gibt.

Mit fünfzehn Jahren lernte mein Vater meine Mutter in der Tanzstunde kennen. Nach Vollendung seines Studiums hat er sie geheiratet. Meine Mutter entstammte einer halbländlichen Judenfamilie aus Waren in Mecklenburg. Ihr Großvater war dort ein kleiner Uhrmacher. Von ihm wurde die entzückende Geschichte erzählt, er habe einmal eine Uhr mit Garantie verkauft und der Kunde sei nach wenigen Stunden zu ihm zurückgekommen und habe sich beschwert, die Uhr sei nur vier Stunden gegangen, worauf der Alte un-

gerührt geantwortet habe: «Mein lieber Herr, wenn Sie werden gehen vier Stunden, werden Sie auch *mal* stehen bleiben.» Der Vater meiner Mutter zog bereits nach Berlin, wo meine Mutter – Gertrud – als dunkellockiges Geschöpf den Namen «Trudel, der Berliner Pudel» trug. Sie war eine grazile, junge Frau, die ihre mädchenhafte Gestalt sehr lange behielt, so daß ihr einmal ein Berliner Gassenjunge, der ihr ein von ihr fallen gelassenes Paketchen nachbringen wollte, zurief «Frolleinken» und, als sie sich umdrehte, erschrocken verbesserte «ach nee, Madamken». Meine Mutter schwärmte für Poesie in jeder Art. Sie war es, die von Anfang an unbeirrbar an das künstlerische Talent ihres Sprößlings glaubte. Übrigens war sie von einer nicht zu überbietenden kindlichen Naivität. Sie glaubte alles, was man ihr sagte. So konnte ihr ein Schulfreund von mir allen Ernstes einmal einreden, er habe als Aufsatzthema gestellt bekommen «Was wäre daraus geworden, wenn Bismarck die Jungfrau von Orléans geheiratet hätte?» Sie fand dieses Thema für junge Menschen doch außerordentlich schwierig.
Eine der hervorstechenden Eigenschaften meiner Mutter war ihre ganz ungewöhnliche Zerstreutheit. So geschah es einmal, daß sie einem Droschkenkutscher die Weisung gab: «Königgrätzerstraße 100a, 1. Stock», worauf dieser meinte: «Jnä Frau, ick möcht ja schon, aber ob der Jaul det macht, weeß ick nich.»
Sie hat sich ehrlich abgeplagt mit unserer Erziehung und den vielen Problemen, die besonders ich ihr aufgab, aber umsonst – obwohl sie immer in dem Buch las: «Wie erziehe ich meinen Sohn Benjamin?»
Soweit Kinder das beurteilen können, war die Ehe unserer Eltern eine ganz ungewöhnlich glückliche. Sie schrieben sich bis zuletzt gegenseitig zu Geburtstagen Gedichte, und die Atmosphäre des ganzen elterlichen Lebens war voll Wärme und Zärtlichkeit.

Was war das Leben meines Vaters damals aber auch für ein ruhiges Leben! Die Vormittage besuchte er Patienten im Berliner Urban-Krankenhaus und in der Charité, und nachmittags von 4–5 war Sprechstunde. Die ganze übrige Zeit hatte er zu seiner freien Verfügung. Er arbeitete wissenschaftlich, las viel, war überhaupt in einer Weise solide gebildet, wie es heute bei der beruflichen Überlastung aller Menschen fast unvorstellbar geworden ist. Dabei war er von tiefster Bescheidenheit. Ich erinnere mich, als Junge einmal beim Mittagessen miterlebt zu haben, wie ein Besuch mit ihm über ein Detail der persischen Geschichte sprach, bei dem Vater sich unsicher fühlte. Er zwirbelte nervös seinen Schnurrbart und sagte immer wieder: «Das ist ja eine Schande.» Abends kam er zum Essen und sagte: «So, Kinder, die Scharte ist ausgewetzt. Das ist also so.» Und dann wurde alles gründlichst erklärt.

Seine Lieblingslektüre waren die antiken und die deutschen Klassiker und von den damals Modernen Fontane, Raabe und Reuter. Sein Weltbild bestimmten Kant [«Der gestirnte Himmel über mir und das moralische Gesetz in mir»] und – Bismarck. Sein Nationalismus war leidenschaftlich und tief und ohne jede Pose. Wie unreal er trotz seiner immensen, hervorragenden Bildung der Politik gegenüber war, davon werde ich später berichten.

Religiös, philosophisch war er seiner Zeit erstaunlich voraus. Damals war es selbstverständlich, daß zu einem Mediziner ein rein materialistisches Weltbild gehörte. Mein Vater jedoch erklärte uns Kindern immer wieder: «Wieviel immer wir auch wissen, am Ende bleibt das große unbegreifliche, das unlösbare Rätsel, vor dem man sich nur in Demut beugen kann.» Das war eine für die damalige Zeit sehr ungewöhnliche Haltung. Wenn ich den religiösen Standpunkt meines Vaters genauer bezeichnen wollte, würde ich sagen, es war ein sogenannter aufgeklärter protestantischer Liberalismus.

Wir waren drei Kinder. Ich war das Nesthäkchen; eine Schwester war fünf, eine acht Jahre älter als ich. Meine Eltern hatten noch eine besonders geliebte Tochter gehabt, die mit zwölf Jahren an der Ostsee auf eine verfaulte Muschel getreten und innert weniger Tage an einer Blutvergiftung gestorben war. Die ältere meiner beiden Schwestern stand in zu großem Altersunterschied zu mir. Sie führte bereits ihr eigenes, sehr persönliches und eigenwilliges Leben. Wir haben erst in reiferen Jahren zueinander gefunden. Für meine jüngere Schwester aber war ich ein herrliches Spielzeug. Sie verwöhnte und verhätschelte mich, wo sie nur konnte. Wenn wir im Garten «Hase und Swinigel» spielten, war sie der stets atemlos rennende Hase, während ich nur immer dazusitzen brauchte und sagte «ick bin all hier».
Ich möchte an dieser Stelle einige besondere Leistungen dieser Schwester auf dem Gebiet des deutschen Aufsatzes der Vergessenheit entreißen. In einem Aufsatz über Martin Luther schrieb sie lapidare Sätze wie: «Luther rannte weg und der Bannbulle immer hinter ihm her, bis er vor das Tor der Schloßkirche zu Wittenberg kam. Das war aber zu. Da blieb er stehen und sagte: ‹Hier stehe ich, jetzt kann ich nicht weiter. Gott helfe mir. Amen.›» Der Aufsatz geht dann einigermaßen normal weiter, um dann allerdings zu schließen: «Als Luther endlich auf dem Sterbebett lag, sagte er: ‹Ich empfehle mich, meine Herren›, und verschied.» –
In einem Aufsatz über den Maulwurf steht der schöne Satz: «Der Maulwurf hat seinen Namen daher, weil er, wenn er mal was tut, dieses mit der Schnauze macht.» Ihr Meisteraufsatz aber dürfte der sein, der den Titel trägt «Unsere Wohnung». Für Nichtberliner muß hier vorausgeschickt werden, daß die typische Berlinerwohnung sich in einen vordern und einen hintern Teil gliedert; die beiden Teile sind durch einen Korridor verbunden. Meine Schwester schilderte erst artig die Räume, die vorne, und die Räume,

die hinten lagen: Vorne der Salon, das Eßzimmer, das Warte- und das Sprechzimmer meines Vaters; hinten die Schlafräume und ein Laboratorium für meines Vaters wissenschaftliche Arbeit. Dann folgte in der Disposition des Aufsatzes «die Beleuchtung unserer Wohnung», und nun las die erstaunte Lehrerin den Satz: «Mein Vater hat vorne einen Bunsenbrenner und hinten eine Acetylenlampe.» – Übrigens kam sie einmal nach Hause und beklagte sich über ein ihr völlig unverständliches Aufsatzthema, es lautete, wie sie behauptete: «Er frißt getreu zu jeder Zeit, er frißt bei jeder Möglichkeit.» – «Und», fügte sie hinzu, «er soll der liebe Gott sein.» Nach langem Herumrätseln der ganzen Familie ging mein Vater zur Deutschlehrerin und erfuhr, daß das Thema lautete: «Er ist getreu zu jeder Frist, selbst da wo dir's nicht möglich ist.» ... Diese Schwester war überhaupt eine sehr phantasievolle Person. So hatte mein Vater einmal die Überraschung, daß in der Sprechstunde ein Patient ihm sagte: «Hören Sie mal, Herr Professor, im Nebenzimmer sitzt eine Dame, die benimmt sich wirklich komisch. Sie schimpft auf Sie und macht das ganze Wartezimmer rebellisch.» Als mein Vater die Tür zum Wartezimmer öffnete, kam ihm, angetan mit Hut und Schleier meiner Mutter, meine Schwester entgegen.

Es gab allerdings Spiele, die kaum mehr scherzhaft waren und das Makabre streiften. So das «Onkel Doktor spielen». Meine eine Schwester war der Onkel Doktor, die andere die Krankenschwester und ich, der kleinste, der Patient. Ich wurde in den großen Untersuchungsstuhl gesetzt. Onkel Doktor und die Krankenschwester stellten fest, daß eine Operation notwendig sei, und dann nahmen die beiden Bestien aus dem in unbegreiflichem Vertrauen unverschlossenen Instrumentenschrank meines Vaters kleine gefährliche Skalpelle, ermahnten mich, um Gottes willen ganz ruhig zu sitzen, gaben mir ihr Ehrenwort «wir piecken nicht», und dann wurde mit diesen Instrumenten ganz nahe an meinen Augen herumgespielt. Als wir das später als Erwachsene unserem Vater erzählten, wurde er noch nachträglich kreideweiß vor Entsetzen.

Aber die meiste Zeit war ich «Rolli» anvertraut. Sie führte mich täglich in den Tiergarten zum Spazierengehen, wobei die von ihr bevorzugte Straße die fürchterliche «Siegesallee» war. Sie hatte sich in den Kopf gesetzt, die Eltern damit zu überraschen, daß der vierjährige Knirps die Namen sämtlicher marmornen Schauergestalten der brandenburgisch-preußischen Geschichte aufsagen könne. Es ödete mich unsäglich an, und ich weiß heute nur noch, daß der Johann Cicero assoziativ von mir der «rohe Schinken» und eine gebieterische Gestalt, neben einem Stuhl stehend und mit der Hand auf diesen Stuhl deutend, «Der Zahnarzt» genannt wurden. Glücklicherweise gab Rolli das Unternehmen nach etlichen Wochen auf. Aber nicht nur dort flossen meine Tränen, sondern auch im Pferdeomnibus, der uns von der elterlichen Wohnung zum Rande des Tiergartens fuhr. Es verging kaum ein Tag, ohne daß der Schaffner mit ernster Miene zu mir dunkeläugigem Knirps sagte: «Ernstchen, du hast dir ja schon wieder die Augen nicht gewaschen!», was ich mit täglich erneutem Protest, in Tränen ausbrechend, quittierte.

Je mehr ich über unsere Kindheit nachdenke, um so erstaunlicher scheint mir die tiefe Naivität, in der wir dahinlebten. Alle Wochen kam zu uns ein Bruder meiner Mutter zu Besuch, Onkel Paul, der Bankdirektor. Er war ein ungemein gemütlicher, dicker Mann mit völlig kahlem Kopf. Es dauerte mich schrecklich, daß er, den wir alle sehr liebten, im Gegensatz zu uns ohne Haarschmuck durchs Leben gehen sollte, und als ich darüber jammerte, nahm mich ein anderer Onkel, der gerade bei uns zu Besuch war, beiseite und flüsterte mir zu: «Ernstchen, das ist wie bei den Blumen, man muß ihn nur begießen»; was ich mir nicht zweimal sagen ließ, eine Blumenspritze holte, sie mit Wasser füllte und den guten Onkel Paul plötzlich hinterrücks kräftig besprengte. Nun aber geschah das Wunder: Als Onkel Paul acht Tage später wieder zu uns zum Essen kam, war sein Kopf mit einem Schwall hellblonder Locken geschmückt. Ich fühlte mich wie ein kleiner lieber Gott. Leider war aber der andere Onkel auch zugegen und flüsterte mir dämonisch zu: «Ernstchen, zieh mal dran, ob sie auch wirklich schön festsitzen.» Ich tat es und werde das grauenhafte Entsetzen nie vergessen, mit dem ich dem Onkel das ganze Wunder wie einen Skalp vom Kopfe zog. Das war meine erste Begegnung mit Glanz und Elend des Theaters.

Bald kam dazu die Laterna Magica mit ihren halb und ganz beweglichen Schaubildern und schließlich ein veritables Puppentheater. Auch die Weihnachtszeit, in der bei Wertheim am Potsdamerplatz jedes Schaufenster eines der bekannten Grimmschen Märchen figürlich darstellte, war voll theatralischer Sensation. Ich sehe den Weihnachtsmarkt am Potsdamerplatz, als ob es heute wäre: die dichtgedrängte Menge, das Lichtergefunkel in der Dämmerung, das Geschrei der Verkäufer [«zehn Pfennig das kleine Baby im Steckkissen und *schreit*»]! Einmal schickte unsere Mutter uns mit ein paar Groschen auf diesen Weihnachtsmarkt. Wir durften uns jedes etwas kaufen. Meine Schwestern kauften sich irgendein normales Kinderspielzeug, ich aber muß zu meiner Schande gestehen, daß ich Vierjähriger die Groschen dazu benutzte, mich photographieren zu lassen. Oh frühe Eitelkeit!

Wann immer sich eine Gelegenheit bot, an jedem Sonntag, jedem Festtag, in allen, auch den kleinsten Ferien gingen die Eltern mit uns in die Natur. Man packte kleine Vorräte in Rucksäcke, und dann ging es über märkische Sandwege durch die ernsten Kiefern des Grunewalds an die Havel, oder nach dem Osten Berlins an den Müggelsee, oder nach Treptow, oder noch weiter bis nach Rheinsberg ins Mecklenburgische. Ich hatte einen kleinen Vetter Adolf, der als Kind ein großer Aufschneider war und unter anderem einmal behauptete, er kenne im Grunewald «jeden Baum». Mein Vater nahm ihn beim Wort und sagte ihm, er dürfe uns beim nächsten Sonntagsausflug führen. Natürlich verliefen wir uns elendiglich. Adolf wurde immer verlegener, bis er schließlich erklärte: «Ich weiß gar nicht, Onkel, die Bäume stehen heute völlig anders als sonst.» Er war überhaupt um eine Antwort nie verlegen. Als er einmal als Kind bei uns zum Mittagessen war und endlos quasselte, wies ihn mein Vater zurecht: «Adolf, bei uns reden Kinder nur, wenn sie gefragt sind», was Adolf prompt mit dem Satz: «Onkel, du fragst mich ja nie was» quittierte.

Beliebte Aufenthaltsorte für längere Ferien waren Wernigerode im Harz und Woltersdorfer-Schleuse. Es wurde übrigens immer nach vorher genau festgelegten Plänen gewandert. Die Zeiten für Essen, für Spielen und für Rasten waren genau bemessen, und trotz dieser preußischen Organisation war es herrlich. Im Sommer mieteten wir oft für den ganzen Tag ein Ruderboot und ruderten durch kleine, versteckte Kanäle und Flußläufe von See zu See, unter dem Geschrei der Wasservögel und manchem geheimnisvollen Laut in den Schilfufern. Im Winter liefen wir Schlittschuh, und wenn es kalt genug war, daß die ganze Havel gefror, dann unternahmen wir die unvergeßlichsten aller Ausflüge, nämlich die Schlittschuhfahrten auf der Havel von Wannsee bis Potsdam. Das herrliche blauschwarze Eis, das krachende klingende Getöse, wenn irgendwo eine Spalte sprang, ist mir heute noch gegenwärtig.

Die Feste wurden gefeiert wie bei Christen. Ostern wurden im Garten die Ostereier versteckt, unter Geschrei und Jubel gesucht und gefunden. Weihnachten kam vor der Bescherung der Weihnachtsmann. Seltsamerweise hatte mein Vater immer gerade um diese Zeit einen unerwarteten Patienten, so daß wir ihm immer wieder sagen mußten: «Du hast ihn schon wieder versäumt.» Ich glaube nicht, daß der Heilige Abend bei Nicht-Juden herzlicher, glücklicher und inniger gefeiert worden ist, als bei uns. Eine besondere weihnachtliche Sensation war der Besuch des Weihnachtsmärchens im Theater. Meistens wurde «Hänsel und Gretel» von Humperdinck und die «Puppenfee» aufgeführt. Aber es gab auch gelegentlich andere Stücke, so erinnere ich mich lebhaft an eines mit dem schönen Titel «König Zipapek», aber die unübertroffene Sensation blieb die unsterbliche «Puppenfee», in der ich etwa fünfundzwanzig Jahre später mein eigenes Söhnchen in Verzückung versinken sah.

Als wir größer waren, mußten wir natürlich vor der Bescherung alle unsere Musikstücke spielen und Gedichte aufsagen. Das war auch an den Geburtstagen der Eltern so. Ich habe schon erzählt, daß sich die Eltern gegenseitig Gedichte zu diesen Festen schrieben, die meistens ich, der Jüngste, zu rezitieren hatte. Unglücklicherweise war ich aber ein allzu gefühlvolles, ja geradezu rührseliges Kind, so daß ich immer mitten drin in Tränen ausbrach. So kam mein Vater auf die Idee, mich solch ein Geburtstagsgedicht einmal singen zu lassen. Ich weiß noch, daß es begann:

«Heut sing mein Lied ich fröhlich dir
Wenngleich das Herz mir klopft
Doch heute ist's ein ander Ding
Weils nur vor Freude hopft
Vor Freude und aus Liebe
zu dir, lieb Mütterlein ...»

Ich kam aber nicht so weit, bei dem Wort «Freude» heulte ich bereits.
Bei einem der späteren Geburtstage ereignete sich übrigens eine Tragikomödie. Meine Mutter hatte meinem Vater, dem leidenschaftlichen Turner, ein Paar eiserne Hanteln geschenkt. Diese führte sie beim Frühstück mit einem selbstverfaßten Gedicht vor, wobei sie die entsprechenden Bewegungen mit den Hanteln ausführte. Es hieß da: «Er stößt nach rechts, er stößt nach links ...», wobei meine Mutter dem links von ihr sitzenden Gatten mit der eisernen Hantel an die Schläfe schlug. Mein Vater stieß den Schreckensschrei «Trudchen» aus, wankte – denn er war ein Kavalier – ins Nebenzimmer, wo er in Ohnmacht fiel.
Ich sagte schon, daß das Deutschtum meines Vaters sein ganzes Wesen geprägt hat. Es war selbstverständlich, daß sich das auch in unserer Erziehung dokumentierte, im ernsten, wie im komischen Sinne. Ich war ein Kind, das besonders lange am Daumen lutschte [in Berlin nennt man das «tutschen», statt lutschen]. Alle Versuche, es mir abzugewöhnen, scheiterten. Man beschmierte mir den Daumen mit Ochsengalle. Ich leckte das bittere Zeug heulend ab und tutschte selig weiter; man zog mir ein Nachthemd meines Vaters an und band die Ärmel unten zu. Ich zog mein Kinderärmchen durch das weite Armloch von meines Vaters Hemd, fand geschickt den Ausgang am Halsausschnitt und tutschte weiter. Nun aber ereignete sich etwas Ungeheuerliches. Eines Tages brachte der Briefträger ein riesiges Couvert, an dem ein großes, rotes Siegel hing, adressiert an «Herrn Ernst Ginsberg». Ich war damals fünf Jahre alt. Die ganze Familie lief zusammen. Mein Vater erbrach das Siegel, öffnete das Couvert und las folgenden feierlichen Text vor:

«Mein lieber Ernst! Ich höre mit Bestürzung, daß Du großer deutscher Junge immer noch am Daumen tutschest. Wenn Du Dir dieses abscheuliche Laster im Laufe der nächsten vier Wochen abgewöhnst, verspreche ich Dir den großen deutschen Tutschorden erster Klasse!

Dein Kaiser Wilhelm»

Unnötig zu sagen, daß ich von Stund an nie mehr tutschte und daß vier Wochen darauf ein fast wagenradgroßer Orden aus Gold- und Silberpapier erschien, der von da an über meinem Bett funkelte. Kaiser Wilhelm war eben allmächtig. Er wurde in unserer Familie derart verehrt, daß meine Mutter sich eigens von einer Tanzlehrerin den Hofknicks beibringen ließ, um ihn auf der Straße zu produzieren, wenn «Unser Kaiser» mit dem berühmten «tatü-tata» im Auto vorüberbrauste. An Kaisers Geburtstag wurde bei uns regelmäßig das Kaiser-Quartett von Haydn gespielt, und wenn der Satz mit der Melodie «Gott erhalte, Gott beschütze» kam, die ja dieselbe ist wie «Deutschland, Deutschland über alles», erhob sich mit Ausnahme des Cellisten das ganze Quartett und spielte diesen Satz stehend, wobei den erwachsenen, ernsthaft gebildeten Männern die Tränen in die Bärte rollten.

Ich glaube, man versteht jetzt, warum ich am Anfang schrieb, daß diese Zeit Jahrhunderte zurückzuliegen scheint. Ein unvergeßlicher Tag war auch jener, an dem der erste Zeppelin, ich glaube, es war im Jahre 1909, Berlin überflog. Ich lag damals mit einer Angina im Bett, aber mein Vater erklärte: «Das ist ein zu großer Moment, den muß Ernst miterlebt haben.» Er wickelte mich persönlich in eine Wolldecke und trug mich eigenhändig aufs Dach des Hauses. Es war ein strahlendblauer Himmel. Auf allen Dächern wimmelte es von aufgeregten Menschen, und als die große, dicke, silberne Zigarre feierlich und brummend durch die

Luft geschwebt kam, erhob sich von allen Seiten ein Jubelgeschrei sondergleichen. Mein Vater sagte: «Merk dir diesen Augenblick, mein Junge! Das ist der Anbruch des Glücks für die ganze Welt! Und Graf Zeppelin ist ein Deutscher!» Damals waren die Sätze von Karl Kraus noch nicht geschrieben: «Weil die Luft ‹erobert› ist, wird die Erde bombardiert. Es ist von allen Schanden dieser Erde die größte, daß jene einzige Erfindung, die die Menschheit den Sternen näher bringt, ausschließlich dazu gedient hat, ihre irdische Erbärmlichkeit, als hätte sie unten nicht genügend Spielraum, noch in den Lüften zu entfalten!»
Zur Vollständigkeit des Bildes unserer Erziehung gehört es, daß das Soziale sich für meinen Vater von selbst verstand, obwohl er natürlich politisch ein erbitterter Gegner der Sozialdemokratie war. In seinem privaten Verhalten war er der hingebendste Armenarzt, der Minderbemittelten kleinste oder gar keine Rechnungen schickte. Kein Bettler ging von unserer Türe, ohne etwas Geld oder etwas zu essen bekommen zu haben, und wir Kinder wurden immer darauf aufmerksam gemacht, daß unser Wohlstand – wir lebten übrigens recht einfach und absolut unprotzig – uns dazu verpflichtete, armen Menschen zu helfen und gut zu ihnen zu sein. Jede Art kapitalistischen Dünkels fehlte in unserem Hause.

Im Jahre 1910 endete das Kinderparadies; die Schule begann. Jedes Kind mußte sich persönlich beim Direktor vorstellen. Ich ging auf das Askanische Gymnasium. Seltsam: es steht noch heute da in seiner roten Sandsteinherrlichkeit und mit seinen den Schulhof umgebenden Bäumen. Als Rolli mich für diesen großen Tag schön angezogen hatte, sagte sie: «Grüß den Direktor schön von mir», was ich selbstverständlich ausrichtete. Was sich der alte Direktor unter dem Satz «Rolli läßt grüßen» vorgestellt hat, weiß ich allerdings nicht.

Die Aula der Schule machte einen ungeheuern Eindruck auf mich. Der große Raum war mit drei riesigen Wandbildern geschmückt, alle «Germania und ihre Kinder» darstellend. Unter jedem Bild stand eine Zeile geschrieben. Die drei Zeilen ergaben zusammen: «Unglimpf nimmer leid ich – mein Schwert ist scharf und schneidig – wer mich haßt, der meid mich.» Ungefähr dies war auch das Thema der Turnlieder, die wir, endlos im Viereck der Turnhalle herummarschierend, schmettern mußten: «Oh Deutschland, hoch in Ehren – du heiliges Land der Treu ...»

Die ersten drei Schuljahre gehörten der sogenannten Vorschule, die ein lieber, alter Lehrer namens Nitsche leitete. Das Verhältnis zwischen Kindern und Lehrer war in jener Zeit – also vom 6.–9. Lebensjahr – sehr freundschaftlich. Man feierte den Geburtstag des Lehrers, ging mit Blumen zum Kaffee zu ihm und war noch in keiner Weise in strengem, respektvollem Drill befangen. Ich erinnere mich, daß einmal, als Herr Nitsche krank war, ein Lehrer des Gymnasiums, und zwar der als besonders streng gefürchtete Prof. Gillischewski, genannt «Gilli», als Vertreter kam. Er war begreiflicherweise durchaus nicht gewohnt, daß die Vorschule noch recht undiszipliniert war und fast Kindergartencharakter hatte. Als er mich mit meinem Nachbarn schwatzen sah, brauste er auf und erklärte: «Du erhältst einen Tadel ins Klassenbuch wegen schlechten Betragens!» Die Klasse der Kleinkinder erstarrte. Ich, der eine solche Katastrophe noch nie erlebt hatte, stand auf, ging wie im Traum vor zu dem Gewaltigen, erkletterte bebend und scheu sein Pult, legte meine Ärmchen um seinen Hals, drückte meine Kinderbacke an seinen stachligen Bart und bettelte inbrünstig: «Bitte, bitte nicht!» und ich sehe noch, wie der erstaunte Mann seine großen blauen Augen auf mich richtete und nach einer kurzen Pause des Begreifens sagte: «Nee? nich? – Na schön, denn nich!», worauf das Ungewitter sich in Sonnenschein auflöste.

Besonders schöne Tage der Schulzeit waren die Kinder-Geburtstage, zu denen man sich gegenseitig «die besten Freunde» einlud. Es war eine große Vorüberlegung notwendig, wer eingeladen werden sollte und wer nicht. Die Einladungen wurden handgeschrieben und lauteten: «Mit Erlaubnis meiner lieben Eltern bitte ich dich, mich an meinem Geburtstag am soundsovielten um soundsoviel Uhr zu besuchen.» Dann aber gab es heiße Schokolade mit kühler Schlagsahne, unendliche Kuchen, und nicht selten mußte sich eines der Kinder übergeben. Es wurde herrlich gespielt. Die ganze Wohnung, der ganze Garten, ja das ganze Haus wurde mit zunehmender Dämmerung durch immer wilder werdende Spiele einbezogen, und das Ende war meistens ein furchtbarer Krach, wobei uns der Portier des Hauses, Herr Schulze, nachbrüllte: «Jetzt habt ihr mir mit eure Modderbeene wieder den janzen herrschaftlichen Aufjang versaut, ihr Bande.»

Mit neun Jahren kam der Übergang ins Gymnasium, und der Ernst des Lebens begann. In der Sexta: Latein, in der Quarta: Französisch. Ich muß hier zu meiner Schande sagen, daß ich zu den seltenen und fast «perversen» Kindern gehörte, die leidenschaftlich gerne zur Schule gehen. Allerdings hatten wir auch sehr ungewöhnliche Lehrer. Mit zweien von ihnen – dem Deutsch-, Französisch-, Englisch-Lehrer und dem Griechisch-Lehrer – war ich bis zu ihrem Tode freundschaftlich verbunden. Natürlich, wie an jeder Schule, gab es auch skurrile Typen, so den zwerghaft kleinen, vollbärtigen Professor K., der ein falsches Gebiß trug, das offensichtlich billig und schlecht war. Sowie er sich ärgerte und tobte, was sehr oft geschah, schlug er sich selbst fest auf den Mund, um das Requisit wieder an seinen Platz zu befördern. Sein Lieb-

lingsfluch war: «Sie verkommenes Subjekt, Ihre Tage sind gezählt!»
Dann war da ein höchst seltsamer Geschichtslehrer, ein hochgelehrtes Haus. Er hörte auf den Spitznamen «Nempe», trug immer eine weiße Weste und war kleinlich genug zu verlangen, daß ein Schulkamerad von mir, der seinem Nachbarn einen Zettel mit dem Inhalt zuschob «Wie schwarz mag das Herz unter dieser weißen Weste sein?!» aus der Schule flog. Sein Geschichtsunterricht war so schematisch, daß wir uns alle ein Schummelheftchen [Schwindelheftchen] anlegten, in dem an der Seite nach Art eines ABC-Buches vermerkt war: «Kriege», «Regierungsjahre», «Schlachten», «Todesjahre» usw. Da er jahrzehntelang nach diesem Schema seine Fragen stellte, wurde bei jedem neuen Thema einfach ein allgemeines Papierschnurren unter der Bank vernehmlich. Das letzte Thema hieß: «Scherzfragen». Sie sind typischerweise das einzige, was ich behalten habe. Z. B.: «Wer wechselte wie lange und warum sein Hemd nicht?» – Antwort: «Isabella von Spanien, bis Columbus von Amerika zurückgekehrt war.» Oder: «Wer starb, weil er Apis-Stier-Filet gegessen hat?» Antwort [wenn ich nicht irre]: «Kambyses, der den heiligen Apisstier hatte schlachten lassen und davon aß, worauf er vom Pferd in sein eigenes Schwert fiel, das offenbar jenes Filet in seinem Magen durchbohrte.» – Eine tragische Figur jener frühen Gymnasialzeit war der schon vorher erwähnte Gillischewski. Er war mit einem ungewöhnlich skurrilen Humor gesegnet und imstande zu Ausbrüchen wie dem folgenden: «Wat sin die Parzen?» [Allgemeines Schweigen] «Herjott, sin wa denn im Irrenhaus? – Wat sin die Parzen? – Also wenn ihrs nicht wißt, sag icks euch. Also? Die Parzen! zum Ersten, zum Zweiten, zum Dritten – also scheen, die Parzen sin die Affen, die in Troja uff den Bäumen sitzen und mit dem Schwanz wackeln!» Oder, in einer lapidaren Schilderung eines Homerschen

Details: «Ino band sich also ihre dämliche Schürze ab, schmiß sie dem Odysseus übers Wasser hin und sagte: So, bind dir det Ding um den Bauch, aber kieck dir nich um, sonst kriegste ne Maulschelle.» – Leider nahm sein Humor ein bitteres Ende. Er hatte das Unglück, in einem Monat seine Mutter, seine Frau und seine Schwester zu verlieren. Als er auf den Friedhof wollte, war Glatteis. Der arme Mann stürzte, brach beide Beine und mußte monatelang im Spital liegen. Als er zurückkam an die Schule, war er verwandelt: reizbar, jähzornig, ungerecht, kurz: nichts mehr von dem alten, von uns allen geliebten «Gilli». Als sein Geburtstag kam, faßte ich mir ein Herz und ging, nicht ohne Angst, wie ich es früher im Auftrag der Klasse getan hatte, trotz allem wieder zu ihm, um ihm zu gratulieren. Ich läutete. Ich hörte langsam heranschlurfende Schritte. Die Tür öffnete sich und er stand vor mir, ungepflegt, schlecht rasiert, mit schrecklichem Gesichtsausdruck. Anfangs sagte er nichts, dann kam es heiser: «Wat? du kommst immer noch zu mir? Mach mer doch nischt vor: Ihr könnt mir doch alle nich mehr leiden. Ick bin doch en Ekel jeworden.» Ich stotterte ein paar verlegene Worte, gab meine Blumen ab und war froh, mich verdrücken zu können. Vierzehn Tage später hat sich der alte Mann aus Schwermut erhängt. – Unser «Gilli» – –

Nun kam das Jahr 1914 und der Ausbruch des Ersten Weltkrieges, ein schier unfaßliches Ereignis, das den völligen Zusammenbruch der in über vierzig für endlos gehaltenen Friedensjahren gefestigten optimistischen Lebenssicht des damaligen Bürgertums mit sich brachte; obwohl viele erst später begriffen, was geschehen war.

Meine Eltern waren in jenem Sommer mit mir in ihrem geliebten Engadin. Wir wohnten im Hotel «Sonne» in Silvaplana. Daß ich den Vorzug hatte, von ihnen dorthin mitgenommen zu werden, kam daher, daß ich in unserm vorhergehenden Sommeraufenthalt, in Mittenwald in Bayern, sehr krank geworden war und eine Nacherholung brauchte. Hier ist der Augenblick, zu berichten, daß ich, zehnjährig, dort in Bayern zum ersten Mal in meinem Leben mit Bewußtsein ein Kruzifix sah. Ich werde den Eindruck dieses rätselhaften stillen Mannes am Kreuz nie vergessen. Ich weiß, daß ich von diesem Augenblick an jedes Marterl, jede kleinste Kapelle mit einer Mischung von Schauer, Neugier und sonderbarer Ergriffenheit betrachtete, ein damals noch kindliches Interesse, das aber in meinem Leben nicht eher zur Ruhe kommen sollte, bis ich, zwei Jahrzehnte später, den Schritt in die Kirche, unter das Kreuz getan hatte.

Meine Eltern und ich verbrachten im Engadin, das später in meinem Leben der Gesundbrunnen für mich und die Meinen werden sollte – wir verbrachten wohl über zwanzig Sommer am schönen Stazersee –, herrliche Sommertage, ahnungslos, welches Ungewitter sich über der Welt zusammenbraute. Damals nahm mein Vater mich Zehnjährigen zum ersten Mal auf eine veritable Hochtour mit, auf den Piz Polaschin. Als ich, natürlich doch ziemlich überanstrengt, auf dem Gipfel ankam, hatte ich eine Art von kleinem Nervenzusammenbruch, heulte und schlotterte. Mein Vater aber fand den Weg, mich zu beruhigen. Er breitete eine Decke auf einem Schneefeld aus, schälte mir eine Apfelsine und sagte: «So, jetzt legst du dich auf den Schnee und ißt eine Apfelsine, das hat noch keiner von deinen Freunden getan», und tatsächlich: diese Vorstellung, die südliche Frucht im eiskalten Schnee zu verspeisen, ließ meine Tränen trocknen und machte mich stolz und glücklich. Als wir zurück ins Hotel kamen, waren die ersten Nachrichten vom Kriegsausbruch eingetroffen.

Meine Eltern entschlossen sich, sofort heimzufahren. Wir machten nur eine Übernachtungsstation in München im Hotel Schottenhamel, und ich erinnere mich, daß mein Vater, als wir am Morgen zum Frühstück kamen, mit totenblassem Gesicht und wie immer seinen Schnurrbart zwirbelnd, mir entgegenrief: «Jetzt haben uns diese Engländer doch tatsächlich auch den Krieg erklärt!» Es war ihm alles vollkommen unbegreiflich, denn Deutschland, sein Deutschland, war die Unschuld und die Gerechtigkeit selbst, und nur Bösewichte konnten es in einen Krieg verwickeln. – Das Echo seiner Mentalität findet sich in einem Gedicht, das ich damals bald darauf, als ich mit einer Drüsen-Operation im Krankenhaus lag, schrieb. Es spiegelt genau jene Vorstellung von den Ereignissen, die das zehnjährige Kind von den Erwachsenen übernahm:

Kriegsanfang

In England kam ein Mann herbei
Der nannte sich Sir Edward Grey[1]
Der sprach: «Einkreisen müssen wir
Die Deutschen! das sag ich, der Sir.»

Indessen war Poincaré
Auch gar nicht faul, i bewahre,
Mobilisierte alles fein
Und rückte dann in Deutschland ein.

Da sprach der Kaiser Nicolas:
«Das wär mir ja ein schöner Spaß
Sofort send ich dir Truppen zu
Dann können wir beginn'n in Ruh.»

1] Sprich fälschlich wie geschrieben: Grei [Name des englischen Außenministers].

Als Kaiser Wilhelm nun erfuhr,
Wieviel geschlagen hätt' die Uhr,
Da sagte er zu Hindenburg:
«Du hau mir mal die Russen durch.»

Zu seinem Sohne sprach er dann:
«Du fängst mir gleich mit Frankreich an.»
Drauf sprach er zu Herrn Kluck[2]: «Oh Mensch
Geh du mal hin und hau den French.»[3]

Drauf ging es los und immerfort
Hört man von einem neuen Sieg.
Das war gewiß ein deutscher Krieg!

Übrigens habe ich, ebenfalls aus dem Krankenhaus, auch ein Gedicht an Hindenburg persönlich geschickt: «Zu singen nach der Melodie Oh Tannenbaum.» Ich weiß nur noch, daß drin vorkam:

«Oh Hindenburg, oh Hindenburg,
Ich bin noch jung an Jahren,
Doch stolz bin ich
Aufs Vaterland,
Das hab ich jetzt
Erst recht erkannt,
Durch Hindenburg, durch Hindenburg,
Den alten deutschen Recken.»

Ich erhielt ein Dankschreiben mit eigenhändiger Unterschrift! – Übrigens kann ich es nicht unterdrücken, an dieser Stelle eine typische Anekdote dieses Hindenburg, der immer-

2] Deutscher General.
3] Englischer General.

hin später der deutsche Reichspräsident wurde und aus dessen Händen Hitler seine Vollmacht empfing, zu erzählen, die der spätere preußische Ministerpräsident Braun berichtet hat. Es war bei einer großen Schiller-Feier. Der neben Hindenburg sitzende Minister Braun sagte zu dem Alten: «Wir Deutschen können eigentlich stolz sein, zwei solche Gestalten zu besitzen wie Schiller und Goethe.» Worauf Hindenburg bärbeißig erwiderte: «Gehn Sie mer bloß weg mit dem Goethe! Der mit seinen vielen Weibergeschichten!» worauf Braun begütigte: «Nun ja, denen verdanken wir doch immerhin die schönsten Liebesgedichte der deutschen Sprache!» Aber Hindenburg lehnte unversöhnlich ab: «Ja, ja, ja, das sagt man immer hinterher als Entschuldigung.» So also sah unser Idol aus.

Die Heimfahrt von München nach Berlin war bereits sehr tumultuös. Die Züge waren überfüllt von hysterisch erregten Menschen. Gelegentlich begegnete man schon Truppentransporten. Auf den Wagen standen mit Kreide geschrieben «naive», «spaßige» Sprüche wie «Serbien muß sterbien», «jeder Schuß ein Ruß», «In vierzehn Tagen sind wir wieder da» usw. Die Soldaten, mit Blumen geschmückt, lachten aus den Fenstern und winkten den Zivilisten zu, ahnungslos, welche Hölle ihnen bevorstand. Ich erinnere mich, auf dieser Reise drei Mal die ungeheure Aufregung erlebt zu haben, die großgewachsene Frauen auslösten, hinter denen man verkleidete männliche Spione vermutete. Für mich Zehnjährigen war das alles natürlich nur in höchstem Maße interessant. Den tragischen Hintergrund von alledem konnte ich noch nicht ahnen.

In Berlin angekommen, meldete sich mein Vater sofort freiwillig zur Front, obwohl er die Altersgrenze bereits überschritten hatte. Als er wegen starker Zuckerkrankheit abgelehnt wurde, erlitt er einen Nervenzusammenbruch. Er setzte sich hin und schrieb einen persönlichen Brief an Hindenburg – an wen denn sonst! –, er ertrage es nicht, in einer Zeit, in der jeder deutsche Mann sein Leben für das Vaterland einsetze, ungefährdet im Hinterland zu leben. Er bitte inständig, ihn wenigstens als Arzt in einem Seuchenlazarett einzusetzen. Wenn ihm auch nicht genau dieser Wunsch erfüllt wurde, so hatte er jedenfalls doch, zuerst in Gdingen, dann in Marienburg in Westpreußen ein großes Lazarett zu leiten, was für ihn, den spezialisierten Augenarzt und bei seiner Gewissenhaftigkeit, eine ungeheure Bürde bedeutete. Seine Soldaten-Patienten und alle Mitarbeiter liebten den reinen, zuverlässigen, idealistischen Mann, und er hat noch lange nach dem Kriege von allen Seiten Zeichen treuer Anhänglichkeit empfangen. Mein Vater erhielt übrigens für seine Kriegstätigkeit das Eiserne Kreuz 2. Klasse.

Ich selbst war nur ein einziges Mal in der spätern Kriegszeit bei ihm in Marienburg, und zwar geschah das unter sehr seltsamen Umständen. Wie mein Vater hatte merkwürdigerweise auch ich an meinem linken Zeigefinger plötzlich eine gefährliche Vereiterung. Meine Mutter war damals mit mir in Zoppot an der Ostsee. Wir gingen zum dortigen Arzt, einem Schlächtermeistertypus. Er sah sich die Sache an und erklärte lakonisch: «Frau Professor, wenn Sie Ihren Jungen behalten wollen, müssen wir sofort operieren!» Die Bitte meiner Mutter, eventuell doch noch mit mir zu meinem Vater nach Marienburg ins dortige Lazarett fahren zu dürfen, lehnte er als lebensgefährlich ab. Er läutete seiner Gehilfin, gab ihr ein paar Anweisungen; sie brachte in einer abgestoßenen Emailleschüssel ein paar Instrumente. Der Doktor zog sich einen Gummihandschuh an, nahm meine Knie zwischen seine Keulenbeine, meinen linken Zeigefinger in seine linke Faust, ergriff mit der rechten eine Schere und – schnitt mir die linke Fingerspitze ab. Meine Mutter stieß einen Schrei aus, und ich begann schlotternd zu brüllen, was der Arzt mit «Na, 's is' eben

Krieg» zu beruhigen dachte. Wie er mich verbunden hat, wie wir aus dem Hause kamen, weiß ich nicht mehr. Ich weiß nur noch, daß ich, immer noch heulend, zu meiner Mutter sagte: «Zu dem geh ich nie mehr.»

Meine Mutter war auch dazu entschlossen, und wir reisten sofort nach Marienburg. Dort löste ein meinem Vater unterstellter Chirurg den Verband ab, und beide Männer begannen plötzlich zu lachen: «Das ist ja unglaublich.» Der Mann in Zoppot hatte nicht mal mehr genug Verbandstoff gehabt und nach einer dünnen Schicht Zellstoff den Finger mit Zeitungspapier umwickelt und darüber eine kurze Binde gelegt. Zudem erklärte der Chirurg bedauernd: «Leider hat er auch noch in der verkehrten Richtung geschnitten, mein Junge, wir müssen das nochmal machen, aber ich verspreche dir, diesmal wirst du nichts spüren.» So war es auch. Der Finger wurde dort ordnungsgemäß behandelt und wiederhergestellt.

Auch unser Leben in der Schule änderte sich durch den Krieg natürlich wesentlich. Alle gesunden Lehrer in den besten Jahren mußten an die Front. Es blieben die Kränklichen und die Alten, und Aushilfskandidaten. Der Unterricht stand stark im Zeichen der Kriegsereignisse. Bei jedem Sieg – und «das war gewiß ein deutscher Krieg», bei dem, wenigstens am Anfang, ein Sieg den andern jagte – gab es schulfrei, nicht ohne daß vorher in der Aula mit den martialischen Bildern eine forsche Rede auf unsere «jroßartjen, unbesiechbaren Helden» vonstatten gegangen wäre. Unsern guten, alten Direktor, einen hervorragend griechisch, aber schlecht französisch sprechenden Mann, höre ich noch heute in den Saal über die Schüler hinschmettern: «Meine lieben Kinder, unsere herrlichen Truppen haben schon wieder einen riesigen Sieg errungen bei Säng Kang Teng» [Saint Quentin]. Gejohle der ganzen Aula! «Heil dir im Siegeskranz!» «Deutschland, Deutschland über alles!» und dann die Mützen und die Mappen genommen und losgetobt. – Ein anderer Anlaß, sich um Schulstunden zu drücken, war die beliebte Werbung für Kriegsanleihe. Wir wurden zu zweit und zu dritt losgeschickt, um bei wildfremden Leuten um Kriegsanleihe-Zeichnung zu betteln. Die Abenteuer, die wir dabei erlebten, würden für sich allein ein Buch füllen. Ich jedenfalls habe einmal in einem hochherrschaftlichen Haus beim übermütigen Hinunterrasen über eine Marmortreppe einen dort placierten Abguß der Venus von Milo aus Versehen in Stücke gehen lassen. Wenn man in irgendeinem Fach nicht ordentlich vorbereitet war, brauchte man dem Lehrer nur zu erklären: «Ich bin in die X-Straße zu Herrn Y bestellt, der ist nur um diese Zeit frei und will mit mir über eine eventuelle Zeichnung sprechen.» Kein Lehrer durfte es wagen, uns eine solche Chance zu verbieten. Übrigens hat mein Vater mehr als sein halbes Vermögen in die deutsche Kriegsanleihe gesteckt. Als einer seiner geschäftstüchtigen Brüder ihn davon zurückhalten wollte und sagte: «Siegmund, du bist ja wahnsinnig! Wenn Deutschland den Krieg verliert, bist du ein armer Mann!», gab er nur die für ihn typische Antwort: «Wenn Deutschland den Krieg verliert, will ich kein reicher Mann mehr sein!» Nun, dieser Wunsch wurde ihm auch erfüllt ...

In jener Zeit, die für uns Bürgerkinder eigentlich nur lustig war, bis es nach der Wendung des Kriegsglücks mit dem Essen magerer und magerer wurde, erlebte ich zum ersten Mal – eigentlich ohne es recht zu begreifen – Antisemitismus. Unser Mathematik-Professor, ein dicker, brutaler Typus [er trug den Spitznamen «Psi»], erklärte vor versammelter Klasse: «In dieser schweren Zeit muß jeder deutsche Junge seine Schularbeiten doppelt so gut machen wie sonst.» Damit segelte er langsam, langsam auf mich magern Jungen zu, immer näher, bis er mich mit seinem harten Bauch an die Wand meines Platzes drückte und ironisch fragte: «Na,

Jinsberg, bist du ein deutscher Junge?» Ich antwortete mit einem naiven «Ja» und begriff noch nicht recht, warum ein paar Jungens meiner Klasse unterdrückt kicherten.
Ich konnte das auch um so weniger ahnen, als gerade ich sehr oft dazu auserkoren war, bei Siegesfeiern in der Aula nationale Gedichte zu schmettern, denn in jenen Jahren bildete sich in mir bereits stärker und stärker der Wunsch heraus Schauspieler zu werden. Noch nahmen meine Eltern meine Theaterbesessenheit nicht ernst, obwohl ich stundenlang vor Theaterausgängen wartete, nur um eines meiner Schauspieler Idole vorübergehen zu sehen, und leidenschaftlich zu deklamieren liebte, wo immer man mich ließ. Als ich einmal – denn mein Geschmack war mit zwölf Jahren nicht der allerbeste – in meinem Zimmer laut Cäsar Flaischlen's Gedicht schmetterte «Ich will in die Sonne sehen, wenn ich sterbe», ertönte aus dem Nebenzimmer die lakonische Stimme meines gerade in Urlaub weilenden Vaters: «Aber vorher mach bitte deine Schularbeiten.» Solche Ironie war bei ihm sehr selten. Sie entsprach kaum seiner geraden Natur. Er hat in allen entscheidenden Situationen meines Lebens vollstes, gütigstes Verständnis für mich bewiesen. Als wir während des Krieges in den Berliner Westen umzogen – Kurfürstendamm, Ecke Uhlandstraße –, erlaubte er mir, trotz des weiten Weges, auf der alten Schule zu bleiben, nur weil ich an meinen dortigen Freunden so sehr hing und ihn inständig bat, mir die Qualen einer Umschulung zu ersparen. Stärker und wirklich entscheidend war aber für mich in diesen ersten Kriegsjahren der Weg heraus aus der Kindheit in die Welt der Erwachsenen. Unsere Familie verbrachte einen jener Kriegssommer in Naumburg an der Saale, wo Mutter eine Herzkur machen sollte. Das Sanatorium, in dem wir alle wohnten, hatte einen in meiner Erinnerung heute riesenhaft erscheinenden, tiefromantischen Park, und ich erinnere mich wie eines Blitzschlags des Moments, als ich an

einem Abend allein durch diesen Park schlenderte und zum ersten Mal bewußt das Geräusch meiner eigenen, einsamen Schritte, das Streifen meiner Füße durch das hohe Gras hörte und spürte. Mich überlief ein Schauder, den ich noch nie gekannt hatte. Das Geheimnis des Lebens hatte mich angerührt. Von diesem Augenblick an suchte ich dieses Geheimnis überall in kindlich romantischer Übersteigerung meiner Empfindungen. Ich stieg nachts aus dem Bett, setzte mich rücklings aufs Fensterbrett, hielt mich am obern Rand des Fensterkreuzes fest und ließ den Kopf nach hinten hängen, um das Firmament in seiner ganzen Phantastik über mich hereinbrechen zu lassen.

Ein glücklicher Zufall wollte, daß in diesem Sanatorium ein kleiner Kreis junger Menschen war, die sich alle auf eine spielerisch romantische Weise zusammenfanden, gemeinsam wanderten, gemeinsam sangen, gemeinsam in der Saale schwammen und sogar gelegentlich improvisierte Kabarett- und Zirkusvorstellungen für die bürgerlichen Gäste des Sanatoriums gaben. Ich war der jüngste von allen, aber wohl eines der begeistertsten Mitglieder dieses kleinen Kreises, in dem ich, wie schon auf der Schule, wieder meine Rezitationsleidenschaft ausleben konnte; manchmal sogar bei Vollmond unter den Sternen.

Hier nun ist der Augenblick, von meiner ersten Liebesgeschichte zu sprechen. In dem Kreise nämlich, er nannte sich der «Mondscheinclub», befand sich ein sehr junges, blondzöpfiges und blauäugiges Mädchen namens Irmintraut. Sie war, ach, eine Sächsin aus Leipzig, und als meine Knabenaugen sie zum ersten Mal im Badeanzug in die Saale tauchen sahen, machte ich die Entdeckung, wie schön ein Mädchen ist. Ich suchte von Stund an ihre Nähe, und bald kam es dazu, daß wir immer stumm Hand in Hand gingen. – Als die Naumburger Zeit sich ihrem Ende näherte, saß ich schwermütig in meinem Zimmer und überlegte: Zur Liebe gehört es doch unbedingt, daß man sich küßt. Aber: Wie so unnatürlich nahe an einen andern Menschen herankommen, daß man ihn küssen *kann*?! Es war mir völlig unvorstellbar, obwohl ich – ach, natürlich – längst auf jenem heimatlichen Sandspielplatz durch einen ältern Kameraden auf die häßlichste Weise aufgeklärt worden war, wie es fast allen Kindern geschieht, deren Eltern nicht den Mut haben, selber mit ihren Kindern über die menschlichsten Dinge des Lebens zu reden. Aber von der Theorie zur Praxis ist ein weiter Weg. So entwarf ich also für meine erotische Annäherung einen Schlachtplan: Ich besaß einen kleinen Photoapparat. Mit diesem wollte ich zum Abschied ein Bild von meiner Irmintraut knipsen, dann aber wollte ich sie bitten, auch von mir ein Bild aufzunehmen, und der Moment, wo ich ihr den Apparat überreichte, sollte der Moment des großen Ereignisses werden. Gesagt, getan. Schweigend gingen wir Hand in Hand zum letzten Mal durch den Park. An einer verschwiegenen Stelle photographierte ich sie, bat sie, vorsatzgemäß, nun auch mich zu knipsen, ging langsam auf sie zu, sie griff nach dem Kodak – in diesem Augenblick beugte ich mich vor, stieß aber, nicht wissend, daß man bei diesem Ereignis den Kopf schräg legen müsse, mit meiner Nase senkrecht auf die ihre, stotterte eine Entschuldigung und – alles war vorbei. Da sagte sie, blutübergossen und in schönstem Sächsisch: «Ernst, ich bin dr nich beese!» Dann photographierte sie mich. Wir faßten uns wieder bei den Händen und wandelten wortlos ins Haus zurück. Die damals von mir entstandene Photographie besitze ich noch heute. Sie zeigt einen mageren, zu Tode verängstigten Jungen mit weit aufgerissenen Augen. –

Danach hat es lange gedauert, bis ich neuen Mut zu solchen Abenteuern faßte, und das war vielleicht ganz gut. Denn, wie mein Vater zu seinem Turnverein gehörte, so erfüllte mich fortan die Mitgliedschaft bei den Pfadfindern mit einer für meine Jahre gesünderen Leidenschaft. Allerdings war die Pfadfindergruppe an meinem Gymnasium recht vormilitärisch in ihren Formen. Wir exerzierten, wir übten uns in «Kriegsspielen», während draußen der wahre Krieg tobte, von dessen Realität wir nichts ahnten. Aber zum Glück machten wir auch viele und herrliche Wanderungen durch die verschiedensten Teile Deutschlands. Damals lernte ich zum ersten Mal den Reiz des Übernachtens in Heuschobern kennen und die abendlich-gastliche Aufnahme in der mir bis dahin ganz fremden Welt der Bauern. Freilich, auch da sollte einmal ein seltsamer Mißklang in mein kindliches Fahrtenglück kommen. Gegen Ende des Krieges waren wir einmal im Erzgebirge bei einem Großbauern einquartiert, und als wir ihm einzeln unsere Namen nennen mußten, stutzte er, als die Reihe an mich kam; er zog die Augenbrauen hoch und sagte: «Gänseberg? Gänseberg? sicher aus Jerusalem?!» Dieses Mal spürte ich schon mehr von der bösen Absicht und brachte nur heiser heraus: «Nein! aus Berlin!» ...

Seltsamerweise habe ich diese ersten Vorzeichen des Kommenden immer schnell vergessen. Ich fühlte mich unter meinen Pfadfindern in jeder Hinsicht heimisch und glücklich, und als dann gar noch die Aufforderung an uns erging, bei der «Riesenwohltätigkeitsaufführung» des schrecklichen Kitschstückes «Der Hias» im Schlußtableau mitzuwirken, wo als lebendes Bild «Germania mit ihren Kindern» gezeigt werden sollte, war mein Glück vollkommen. Dieser «Hias» war sozusagen das nationalistisch üble, kriegsbegeisterte Gegenstück zum «braven Soldaten Schwejk». Im «Hias» verkörperte sich eine grausige Mischung von blutigem Humor und sturer Phantasielosigkeit. Aber wer von uns sah denn damals die Dinge schon so! Genug: Ich hatte das Glück, mit meinen Kameraden im Großen Schauspielhaus zu Berlin in Pfadfinderuniform zu den Füßen von Mutter Germania zu sitzen, während der ganze Zuschauerraum aufstand und sang: «Es braust ein Ruf wie Donnerhall» ...

Zu Hause wurde aber die Stimmung trotzdem immer gedrückter. Wenn mein Vater, der jeden Tag entweder an Mutter oder uns Geschwister einen seiner rührenden Briefe schrieb, deren Stil die ganze Lauterkeit seines Charakters atmete, auf Urlaub kam, gab es Streit, weil er streng verbot, das zu tun, was meine Mutter, wie alle andern, mit Selbstverständlichkeit tat: «schwarz zu kaufen». Er verlangte, daß wir mit den staatlich erlaubten mageren Rationen auszukommen hätten. Wenn meine Mutter ihm, der wegen seines Zuckerleidens bessere Ernährung brauchte, Butter zukommen lassen wollte, mußte sie sie mit schlechtem Gewissen schnell, schnell, ehe mein Vater bei Tisch erschien, in seinem Suppenteller verrühren.

Ich selber nahm die herannahende Katastrophe des politischen Zusammenbruchs des Kaiserreichs kaum wahr. Und dann war sie plötzlich da. Ich weiß noch, wie ich mit meinem guten Vater, der die Tränen mit aller Männlichkeit nicht zurückzuhalten vermochte, zu Onkel Paul ging, wo sich die beiden Männer über die deutsche Niederlage und über die Revolution – ein für mich vierzehnjährigen Bürgerjungen damals noch völlig unverständliches Ding – aussprachen. Auf dem Heimweg war auch ich von der allgemeinen, tiefen Depression angesteckt, und mir war, als hörte ich wie in einem Indianerbuch immer den Satz: «Du bist besiegt, du bist besiegt!» und ich glaubte, ich müßte mich als Sohn Germanias bis an mein Lebensende schämen.

Die nun folgenden Geburtswehen der jungen Weimarer Republik erlebte ich zunächst nur im Spiegel des elterlichen Denkens und Verhaltens. Ich hörte die Namen Karl Liebknecht und Rosa Luxemburg wie die von Verbrechern. Mein guter Vater ahnte nichts von der Lauterkeit dieser

Idealisten. Ich hörte, wie man befriedigt darüber sprach, daß sie «auf der Flucht erschossen» worden seien, schon immer ein beliebter Vorwand der Mörder, den meine braven Eltern aber natürlich für bare Münze nahmen. – Ich sah Straßen-Demonstrationen, sah Menschengruppen feindselig miteinander diskutieren und schreien, sah meinen Vater zur Zeit der Spartakus-Unruhen mit Armbinde und Gewehr als Mitglied der «Bürgerwehr» das tun, was er für seine Pflicht hielt, nämlich für «Ruhe und Ordnung» miteinzustehen. Aber es nahte der Augenblick meines Erwachens.

Es war im Jahre 1920. Der gewissenlose Kapp-Putsch versuchte, wie es in den wenigen Lebensjahren der Deutschen Republik so oft der Fall war, mit Gewalt die reaktionärsten Kräfte Deutschlands ans Ruder zu bringen. Als Gegenmaßnahme trat die Berliner Arbeiterschaft in den Streik, so daß Licht, Gas usw. ausfielen. In dieser Situation rief unser Direktor die älteren Jahrgänge der Schule in der Aula zusammen, von 16 Jahren an aufwärts. Er sagte etwa: «Meine lieben Kinder! Unverantwortliche Elemente haben unsere guten, anständig denkenden Arbeiter dazu aufgewiegelt, die Arbeit niederzulegen, so daß die armen Leute in Berlin jetzt kein Licht, kein Gas haben. Ich richte an euch die Frage: Wollt ihr, damit den armen Leuten geholfen wird, ‹technische Nothilfe› machen, d. h. an Stelle der pflichtvergessenen Arbeiter in die Gas- und Elektrizitätswerke gehen, dann meldet euch jetzt bei Herrn Prof. X, der das Ganze organisiert.» Natürlich waren wir alle mit Begeisterung dazu bereit, ohne zu ahnen, daß das, wofür man uns hier mißbrauchte, höchst gefährliche Streikbrecherarbeit war. Das sollte sich auch sehr bald zeigen.

Wir erhielten Arbeitsmonturen, wurden auf Lastwagen verladen und fuhren in das Gaswerk Schöneberg. Bei der Einfahrt zum Fabrikgelände standen Arbeiterhaufen, die uns mit Steinen bewarfen, eine Feindseligkeit, die uns, bei unserem törichten Glauben, daß wir ja doch nur aus «sozialen» Gründen einsprangen, völlig unbegreiflich war. Wir wurden dann im Gaswerk von einigen streikbrechenden Arbeitern eingeteilt. Ich erinnere mich, daß ich in einem unbeschreiblich heißen Raume vor ein großes, offenes Ofenloch gestellt wurde, aus dem ich mit einer schweren Eisenstange den verbrannten Koks herauszuholen hatte. Die Aufregung, der Lärm, die Hitze, die für meine jungen Arme viel zu schwere Eisenstange – alles verwirrte mich. Ich stand einen Augenblick vor der Glut und vermochte mich nicht zu rühren. In diesem Moment schrie mich einer der Arbeiter wild an: «Na, raus oder rin ins Feuer?» Ich versuchte zu arbeiten. Der Schweiß lief mir herunter. Ich mußte mich, wie manch anderer meiner sechzehnjährigen Mitschüler, für unfähig erklären. Dann wurde ich für die Nacht als Wache auf einen großen Kokshaufen außerhalb dieses Fabrikraumes ins Freie gestellt. Dort, in den langen, einsamen Stunden unter den Sternen hatte ich Zeit zum Nachdenken. Ich hatte zum ersten Mal erfahren, was körperliche Arbeit ist und was Menschen Tag für Tag zu leisten haben, denen wir unser selbstverständliches, angenehmes Wohlergehen verdanken.

Als ich in der zweiten Nacht meines Einsatzes zu Fuß nach Schöneberg ging – man hatte uns geraten, einzeln und vorsichtig zu gehen und nicht mehr in Gruppen zu erscheinen –, kam ich auf der Schöneberger Eisenbahnbrücke im Dunkeln an einer Arbeitergruppe vorbei, stellte mich harmlos dazu und hörte, daß sie gerade kurz vorher einen jungen «technischen Nothelfer» auf die Schienen hinuntergeschleudert hatten. Nach dieser zweiten Nacht brachen meine Nerven zusammen, und als ich am Morgen völlig übernächtigt und erschöpft nach Hause kam, stieß ich den wilden Satz aus: «Jetzt verstehe ich alles, alles, alles!» Von diesem Tage an begann ich mich mit den sozialen Problemen ernsthaft zu beschäftigen. Meine Eltern waren von dem Resultat meiner, wie sie meinten, so tapfern Einsatzbereitschaft natürlich bestürzt. Mit welchem verantwortungslosen Leichtsinn wir Kinder damals an Leib und Leben mißbraucht und gefährdet worden sind, erscheint mir heute noch unfaßlich.

Aber das menschliche Leben verläuft ja nicht eingleisig. Gleichzeitig, neben diesen Erlebnissen, entwickelte sich auch meine Leidenschaft zum Theater immer ernster. Es war bereits so weit mit mir, daß ich mir einen andern Beruf nicht mehr vorstellen konnte. Meine nächsten Freunde wußten um meinen Entschluß und glaubten daran; meine Eltern ahnten, was bevorstand und fürchteten, ich würde von der Schule weglaufen. Auf dem Höhepunkt meiner innern Krise entschloß ich mich, mein Talent von einem Großen des Theaters prüfen zu lassen, und so schrieb ich an den alten Friedrich Kayssler einen verehrungsvollen Brief, des Inhalts: Ein Schauspieler könne wohl lügen, aber er, Kayssler, sei ja obendrein ein Dichter, und infolgedessen glaubte ich von ihm absolute Wahrheit erwarten zu dürfen.
Ich wurde zum Vorsprechen bestellt – ich sehe den Brief noch, der plötzlich eines Morgens vor mir lag. Ich versteckte ihn so schnell wie möglich und begab mich um die bestimmte Nachmittagsstunde in unermeßlicher Aufregung zu Kayssler. Das Programm, das sich der Arme von mir anhören mußte, umfaßte: Franz Moor, Brutus und Marc Anton. Er ließ wirklich, ohne mich zu unterbrechen, die ganze Text-Kaskade über sich ergehen. Dann erklärte er meinen Wunsch, zum Theater zu gehen, für durchaus legitim und erteilte mir nur den dringenden Rat, trotzdem das Abitur vorher fertigzumachen und dann wieder zu ihm zu kommen. Ich glaube, an jenem Nachmittag flog ich durch die Luft nach Hause.

Zu meiner Überraschung kam mein Vater mir entgegen, zog, eine für ihn typische Bewegung, die linke Augenbraue gespannt in die Höhe und fragte: «Na?» [er hatte nämlich den Brief vor mir gesehen]. Meine Antwort war ein stolzes: «Ja!» – Mein Vater war aber heilfroh, daß Kayssler mir wenigstens das Durchhalten auf der Schule nahegelegt hatte. So konnte er doch auf eine Sinnesänderung in letzter Stunde hoffen. Er sagte zu mir in seltsamer Gleichsetzung von Oper und Schauspiel: «Mein Junge, bist du dir im klaren, wie anstrengend dieser Beruf ist? Stelle dir doch mal so einen ‹Siegmund› in der Walküre vor, wenn er diese Sieglinde auf dem Schoß hat, die doch meistens ziemlich umfangreich ist, und dann noch singen muß: ‹Winterstürme wichen dem Wonnemond› ... A propos: willst du nicht überhaupt erst einmal die Welt *hinter* den Kulissen ein bißchen kennenlernen? Vielleicht stößt dich das Ganze ab! Melde dich doch mal als Statist bei der Oper!»
Das ließ ich mir nicht zweimal sagen, und bereits in der nächsten Woche war ich vom Statistenmeister der Oper angenommen, um als germanischer Ritter in «Lohengrin» zu debütieren. Ich bekam eines jener immer zu weiten Kettenhemden überreicht. Die Beinkleider schlotterten um mich herum. Wir mußten in Reih und Glied antreten. Ein Theaterfriseur klatschte uns jedem rechts und links einen roten Flecken ins Gesicht und kommandierte «Verreiben!» Wir verrieben, ließen uns blonde Lockenperücken aufsetzen, ein Bart blieb mir zum Glück erspart, und empfingen Lanze und Speer. Unter der Heinrichs-Eiche hatten wir laut Anweisung des Statistenmeisters alle, seinem Beispiel folgend, die Speere begeistert in die Höhe zu heben und kurz darauf abzugehen. Als ich meinen Speer herunternehmen wollte, ging es nicht. Ich war mit seiner Spitze in den auf Netzwerk genähten Baum geraten, und zwar da, wo scheinbar nur noch Luft ist. Ich hätte ihn nur mit der ganzen

Eiche herunterziehen können. In meiner Verzweiflung – ich konnte ja schließlich nicht als einziger germanischer Ritter bei den Solisten bleiben – ließ ich den Speer einfach los, so daß er wie Klingsors Zauberspeer in der Luft schwebte. Der Krach, den mir darauf der Statistenmeister machte, war nicht von schlechten Eltern. Leider aber war das Maß meines Unglücks noch nicht voll. Ich hatte auch beim feierlichen Zug zum Münster mitzuwirken, diesmal in neuem Kostüm: Pagentracht, mit kreuzweise geschnürten Sandalen. Diesmal wollte ich meine hohe Musikalität unter Beweis stellen und genau im Takt über die Bühne marschieren. Etwa auf der Mitte der Bühne aber hielt etwas mein Bein fest. Um im Takt zu bleiben, riß ich mich mit Gewalt vorwärts und hörte hinter mir einen dumpfen Bums. Das wiederholte sich zweimal. Als ich, trotz aller Behinderung im strengsten Takt, jenseits der Bühne angekommen war, sagte der Statistenmeister: «Ziehen Sie sich aus und kommen Sie nie wieder!» Was war geschen? Meine kreuzweise geschnürten, breiten Sandalenbänder hatten sich gelöst, zwei hinter mir trippelnde blumenstreuende Kinderchen waren darauf getreten, und ich hatte sie um des Taktes willen durch rohes Wegziehen zu Fall gebracht. Aber dennoch: die Hoffnung meines Vaters, die Welt hinter der Bühne könnte mich enttäuschen, ging nicht in Erfüllung; so leicht war ich nicht abzuschrecken.

Ungefähr um dieselbe Zeit bekam ich, wie es in bürgerlichen Kreisen damals Usus war, Tanzstunde. Es war eine recht parfümierte, unsympathische Welt, in die ich da kam, mir ganz fremd, denn das Bürgertum meiner Eltern hatte nichts Salonhaftes, nichts Dekadentes. Hier nun unter diesen pubertär weltschmerzlerischen Berlin-W-Mädchen und -Jünglingen, die sich, so jung sie waren, wichtig mit «Herr» und «Fräulein» ansprachen und in Heine'scher Ironie machten, fiel eine der in gewissem Sinne für mich bedeutungsvollsten Entscheidungen meines Lebens.

Es ist seltsam, in welch deutlichem Sinne der Mensch oft seinen Schutzengel hat. Schon früher, als die meisten Jungen meiner Klasse, wenn es dunkel wurde, auf den Kreuzberg gingen, um dort mit Mädchen zu «poussieren», hatten sie mich zurückgewiesen, wenn ich, neugierig auf dies dunkle Treiben, mitkommen wollte: «Nee, nee, nee! det is nischt für dich!» Jetzt, in der schwülen Atmosphäre der Tanzstunde, stieß mich wieder alles ab. Ich tanzte zwar leidenschaftlich gern, da ich sehr musikalisch war, aber – eines Abends tanzte ich mit einem bildschönen, schlangenhaften Mädchen einen schwülen Tango. In der engen körperlichen Nähe spürte ich das, was Wedekinds Melchior in «Frühlingserwachen» männliche Regungen nennt. Ich ließ das Mädchen los, starrte es an und sagte, ohne zu ahnen, wohin dieses Wort mich führen würde: «Das will ich nicht! Ich gehe hier weg. Ich komme nie wieder! Ich gehe zur Deutschen Jugendbewegung!» Sprach's, ließ das schöne Ding mitten im Tanz stehen, verließ das Haus und trug von dem Tag an nackte Knie und Schillerkragen, nachdem ich meinen Eltern die lapidare Erklärung abgegeben hatte, daß mir diese ganze bürgerliche Welt widerwärtig sei und ich von meinem Leben eine ganz andere Vorstellung hätte. Ich kann es nicht beschwören, aber ich glaubte, in der aufmerksam hochgezogenen Augenbraue meines Vaters etwas wie eine heimliche Zustimmung gesehen zu haben. Ich war ja schließlich sein Sohn, und auch er war einst ein Ausbrecher gewesen ...

Die deutsche Jugendbewegung war ein vielgesichtiges Gebilde: von der proletarischen, schon stark politisch ausgerichteten Jugend über den romantischen Wandervogel bis zu der vergleichsweise geistigen Erscheinungsform des katholischen «Quickborn» und eben jener Gruppe an meiner Schule, zu der ich mich hingezogen fühlte und die sich «Neupfadfinder» nannte. Diese hatte sich aus der alten

Pfadfinderei entwickelt, indem sie alles Militärische abschüttelte und anstatt der Rangordnung die Freundschaft setzte, alle Klassenunterschiede zu ignorieren wünschte, ein freies, aber reines und unschmieriges Verhältnis zwischen den Geschlechtern erstrebte und vor allem der, wie wir glaubten, zum Untergang verurteilten Welt der alten Generation ein menschlicheres und pazifistisch-internationales Ideal entgegenzusetzen versuchte. Wir glaubten allen Ernstes daran, daß dieser furchtbare, hinter uns liegende Erste Weltkrieg für immer der letzte gewesen sein müßte und sein werde. Das um die ganze blutbefleckte Erde gehende Wort «Nie wieder Krieg» war ein Glaubensartikel. Wir hatten unbeschreiblich schöne, weltgläubige Diskussionen bei unsern wöchentlichen Zusammenkünften. Wir hatten auf dem Schulhof einen Platz, auf dem sich nur die zu uns Gehörenden zusammenfanden. Wir musizierten viel; unser musikalischer Abgott war Bach, unser dichterisches Idol Hölderlin. In einem tiefen geistigen Irrtum – und hier zeichnete sich schon der Keim des spätern Verhängnisses dieser Jugendbewegung ab – glaubten wir in Stephan George den Nachfolger Hölderlins zu sehen. Bei unsern nun immer häufiger werdenden Nachtwanderungen sangen und rezitierten wir, im Kreis um das Feuer stehend, unter dem Sternenhimmel. Es war eine für so junge Menschen beglückende und geistig ganz erfüllte Welt. Wir standen in krassem Gegensatz zu allen andern Jungens, die den üblichen Weg der bourgeoisen Jugend gingen, früh zu trinken anfingen und zu Huren gingen, was uns völlig unvorstellbar war. Als kleine komische Illustration für unsere extreme Weltfremdheit sei berichtet, daß ich einmal auf der Tauentzienstraße in Berlin, dem Dorado der perversesten Sorte von Huren, von einer rotlederbeschuhten, eine weiße Peitsche in der Hand tragenden Pflanze dieses Gewerbes angesprochen wurde, wie ich über ein Zusam-

mensein dächte. Wohlerzogen bedankte ich mich höflich für das freundliche Angebot, konnte es aber nicht unterlassen, ihr mein wildlockiges Haupt zuzuwenden und sie zu fragen: «Wie kommen Sie nur zu dem Beruf?» worauf sie mir die begreifliche Antwort gab: «Kleener, setz dir'n Hut uff, bind dir'n Schlips um, denn erzähl ick's dir mal!»
Ja! Wir waren Weltverbesserer. Ich muß heute oft an Fontanes Satz denken: «Wer mit achtzehn nicht revolutionär ist, hat kein Herz; wer mit vierzig noch revolutionär ist, hat keinen Verstand.»

Für mich war diese Zeit eine der glücklichsten des Lebens. Ich fühlte mich von einer großen, heißen Welle echter Begeisterung getragen, von Freunden umgeben und der besten Sache der Welt dienstbar. Mitten in diese jugendliche Glückseligkeit nun traf mich die schwerste Katastrophe, die mich damals überhaupt treffen konnte.
Es war auf einem unserer Diskussionsabende im Jahre 1921. Ich weiß noch, er fand in einem nüchternen Klassenzimmer unserer Schule statt. Einer der älteren von uns, Erich M., hielt einen Vortrag, wie es meistens vor unsern Diskussionen Brauch war. Er sprach über die Bücher von Hans Blüher, einem damals in Jugendbewegungskreisen sehr beachteten und, wie man gleich sehen wird, höchst problematischen Mann. Erich erklärte, diese Bücher seien für ihn wie eine Offenbarung gewesen. Wir hätten oft und oft nach den Gründen des allgemeinen Untergangs gesucht und die verschiedensten Ursachen für ihn verantwortlich gemacht. In diesen Büchern aber werde alles mit einem Schlage klar: Das Unglück der Welt sei die Rassenvermischung! Sie sei der Grund, warum alle Völker ihre Eigenart und ihre innere Kraft verloren hätten und degenerierten. Die Aufgabe unserer Generation sei es nun, dies zu erkennen und mit allen

Mitteln auf eine saubere menschliche Reinigung der Verwirrung hinzuarbeiten. Was nun uns im besondern betreffe – und er wandte sich mit offenem, keineswegs bösartigem Gesicht zu mir –, so hätten wir zu erkennen, daß die germanischen Menschen zueinander gehörten und die semitischen ebenso, wenn sie zu der Vollendung ihrer Möglichkeiten gelangen wollten. «Mein lieber Ernst Ginsberg, du weißt, wie sehr wir dich alle achten und lieben. Aber dieses große objektive Gesetz ist stärker als unsere Privatgefühle, und ihm müssen wir uns alle beugen, auch wenn es uns ebenso weh tut wie dir. Das bedeutet, daß wir uns trennen müssen. Du gehörst zu den Deinen! Laß uns in Achtung voneinander scheiden.»
Niemand sagte ein Wort. Langsam richteten sich aller Augen auf mich, den einzigen Juden in diesem Kreise. Um mich drehte sich alles. Ich hatte mit den Tränen zu kämpfen. Ich dachte an meinen Vater. Ich nahm alle Kraft zusammen. Ich stand auf und sagte etwa dem Inhalt nach: Alles, was Erich vorgetragen hätte, sei mir völlig unzugänglich und unverständlich. Ich sei als deutscher Junge erzogen worden und hätte nie etwas anderes gekannt. Ich hätte kein anderes Zuhause. Aber es sei selbstverständlich, daß ich mich nicht aufdrängen würde. Ich würde also jetzt gehen. Niemand sagte ein Wort, nur die Augen all meiner bisherigen Freunde starrten mich an. Und ich ging. – Wie ich nach Hause gekommen bin, weiß ich nicht mehr. Ich weiß nur noch, daß ich zu Hause immer wieder mit dem Kopf gegen die Wand rannte. Als mein Vater bestürzt ins Zimmer kam und erfuhr, was sich zugetragen hatte, war er ebenso fassungslos wie ich.
Von diesem Tage an war ich ein Ausgestoßener. Auf dem Schulhof lief ich wie ein angeschossenes Tier allein im Viereck herum. Die Gruppe meiner bisherigen Freunde grüßte mich mit betont höflicher Herzlichkeit, um zu beweisen,

daß ihnen – wie es damals auch tatsächlich der Fall war – jede Bosheit fern läge. Es war der Ausbruch einer eisigtödlichen Ideologie unter durchaus idealistischen jungen Menschen, ohne die die spätere Machtergreifung der Bestialität niemals möglich gewesen wäre. Erich M., der später mit einigen andern dieser Gruppe zu den verblendeten jungen Deutschen gehörte, die an die Reinheit der Ideale der nationalsozialistischen Partei glaubten, hat sich, als die grauenhafte Wirklichkeit dieser Partei offenbar wurde, erschossen. Mein Zustand war verzweifelt. Zerrissen. Von allem, was ich liebte, unwiederbringlich getrennt. Ich war psychisch in größter Gefahr. In meiner Verzweiflung tat ich Dinge, die man eben nur aus der Psyche eines so überbelasteten jungen Menschen von siebzehn Jahren begreifen kann: Ich las auf dem schwarzen Anschlagsbrett meiner früheren Gruppe, daß sie eine nächtliche Sonnwendfeier auf dem Ravensberg bei Potsdam [ich glaube so hieß es] machen würden, und zwar in der Nacht vom Samstag auf den Sonntag. Die Vorstellung, zum ersten Mal nicht mit am Feuer stehen zu dürfen, war für mich schier unerträglich. Ich mußte dabei sein, wenn auch für alle unsichtbar. In der Übersteigerung meiner Gefühle ging ich, angetan mit einem alten Lodenmantel meines Vaters und seinem Spazierstock, zu unserm Friseur und sagte ihm, ich wolle auf einen Maskenball, er solle mich unkenntlich machen. Der Friseur machte sich einen Spaß daraus, in mein Kindergesicht einen Altherrenbart zu kleben, und so verkleidet schritt ich am hellen Nachmittag in Berlin über den Kurfürstendamm zum Bahnhof Savigny-Platz, von wo ich mit der Stadtbahn nach Potsdam hinausfuhr, in stetiger Angst, daß jemand der Erwachsenen, die mich wie einen sonderbaren Zwerg anstarrten, mich in ein Gespräch verwickeln würde. Meinen Eltern hatte ich gesagt, ich würde eine Nachtwanderung machen, das waren sie ja von mir gewohnt. In Potsdam angekommen, marschierte ich mehrere

Stunden bis zu jenem Berg. Es wurde dunkel, und die letzten Vögel hörten auf zu singen. Ich erwartete, meine Gruppe würde etwa um zehn Uhr abends auf den Platz kommen, wo das Feuer entzündet werden sollte. Schon gingen auf den umliegenden Hügeln kleine Feuer an. Plötzlich hörte ich eine Gruppe singend herankommen, sprang in ein Gebüsch und sah von dort, daß es nicht die von mir Erwarteten waren. Es wurde elf Uhr. Es begann zu regnen. Es wurde zwölf Uhr. Der nasse falsche Bart hing mir in den Mund. Mir war elend zumute. Um ein Uhr entschloß ich mich, das Warten aufzugeben. Ich wanderte zerschlagen und unglücklich nach Potsdam zurück, wo ich in der Morgendämmerung auf dem Bahnhof sah, daß der nächste Zug nach Berlin erst in drei Stunden ging. Es regnete immer stärker. Auf dem Bahnhof kreischten Soldaten mit Huren. Ich ging zur Garnison-Kirche und setzte mich auf die Stufen unter das vorstehende Dach, wo ich im Regen tief und verzweifelt schlief. – Am übernächsten Tag in der Schule stellte ich fest, daß ich mich verlesen hatte. Das Fest hatte im Osten Berlins auf dem Rabenberg stattgefunden. Ich war mit meinem falschen Bart und mit meinem Herzen in die verkehrte Richtung marschiert ...

So komisch sich diese kleine Geschichte vielleicht lesen mag: mein Zustand war ausgesprochen ernst und gefährlich. Leicht hätte ein junger Mensch unter diesen Umständen jedes Selbstgefühl verlieren und einen nicht wieder gutzumachenden Schaden erleiden können. Die Verfassung, in der ich fortan zur Schule ging, wo ich doch täglich den andern begegnen mußte, war krampfhaft, überreizt und unnatürlich. Ich wurde nervös, fahrig, ging mit meinen Leistungen zurück, und wer weiß, was geschehen wäre, wenn nicht unser Griechisch-Lehrer wache Augen gehabt und bemerkt hätte, daß mit mir etwas nicht in Ordnung sei. Er ließ mich zu sich in die Wohnung kommen, verstand es, meine verkrampfte

Verschlossenheit behutsam zu lösen und brachte mich dazu, ihm alles anzuvertrauen. Ich möchte seinen Namen hierher setzen. Er hieß Arnold Bork. Seine ungewöhnliche Einfühlungsgabe und seine echte Teilnahme ließen ihn den Rettungsweg für mich finden. Er hatte vor Berlin längere Zeit in Potsdam unterrichtet und kannte dort einen Kreis «jugendbewegter» junger Menschen mit ähnlichen Idealen wie die der «Neupfadfinder», aber völlig frei von jeder Rassenideologie. Dorthin nahm er mich mit und führte mich in diesem Kreis ein, wo ich die lebendige Widerlegung meiner «Fremdheit» erleben durfte. Örtliches Zentrum dieses Kreises war die Konditorei Rabien am Nauenertor. Die Rabiens waren eine hellblonde Familie mit fünf Buben, von denen einer immer persönlicher und interessanter war als der andere. Dieses Haus und diese Menschen wurden meine Rettung und meine Heilung. Ich erlebte, daß die Theorie vom unfehlbaren Rasseninstinkt ein Irrsinn ist.
Hinfort war das Zentrum meiner freundschaftlichen Interessen nach Potsdam verlagert. Es verging kaum ein Wochenende, ohne daß ich, kaum hatte ich meine Schularbeiten gemacht, mit der Stadtbahn nach Potsdam fuhr und dort zu Fuß in das geliebte Haus Rabien eilte, um das sich ein prächtiger Kreis zum Teil hochbegabter junger Menschen zusammenschloß. Die Wahrheit verlangt noch zu erwähnen, daß dieser Lehrer, der mein rettender Engel war, in seinen erotischen Beziehungen mehr zu jungen Männern als zu Frauen neigte. Er war aber von größter Differenziertheit und Zurückhaltung. Immerhin vermittelte er uns ein Bild des Griechentums, das sehr stark in der Richtung seiner Neigungen betont war. Ich, der von den Möglichkeiten geschlechtlicher Verirrungen keinerlei Ahnung hatte, nahm alles, was er sagte, wie ein Evangelium auf und schrieb es in mein Tagebuch, das auch Sätze des Inhalts, daß die freundschaftlichen Beziehungen unter Männern etwas weit Höheres seien als die

Beziehung von Mann und Frau, und ähnliches enthielt. – Nun ist der Augenblick gekommen, zu erklären, warum meine Mutter in diesen Erinnerungen eine so verhältnismäßig kleine Rolle spielt. Sie hat nämlich zu jener Zeit durch eine zweifellos gut gemeinte, aber unendlich törichte Handlung eine Kluft zwischen sich und mir geschaffen, die leider bis zu ihrem bald darauf erfolgten Tode nicht mehr überbrückt werden sollte.

Das war so: Meine Mutter war begreiflicherweise in höchster Sorge um meine Entwicklung. Sie selber war, wie schon gesagt, unendlich naiv und konnte sich überhaupt nicht vorstellen, was im Herzen ihres von ihr heiß geliebten Sohnes in der Pubertätszeit vor sich ging. So entschloß sie sich zu dem Wagnis, heimlich mein Tagebuch zu lesen. Das wäre noch durchaus begreiflich gewesen und ohne Folgen geblieben, wenn sie es mich nicht hätte wissen lassen. Aber das, was sie in diesem Tagebuch las, erschien ihr so ungeheuerlich, daß sie meinte, mit mir darüber sprechen zu müssen. Ich erinnere mich noch des Sonntagmorgens, als sie mich an ihr Bett rief, in dem sie tränenüberströmt lag. Sie sah mich wie einen Verlorenen an und sprach den verhängnisvollen Satz: «Weißt du, daß du für die Gefühle, die du zu diesem Lehrer hast, ins Zuchthaus kommen kannst?» Der Schock, den diese Worte bei mir, dessen Gewissen völlig rein war, ausgelöst haben, war nicht wieder gut zu machen. Ich verweigerte jedes Gespräch, verschloß mich ihr gegenüber mehr und mehr. Ich glaube, die Arme, die ja selber in ihrer Weltfremdheit gar nicht ahnte, was sie mir antat, muß furchtbar unter unserer Entfremdung gelitten haben. Aber junge Menschen haben viel Kraft zur Liebe, wie auch zur Feindseligkeit. Ich fühlte mich in meinen reinsten Dankbarkeitsempfindungen dem Manne gegenüber, der mir den innern Frieden gerettet hatte, so beleidigt, daß es keine Diskussion mehr für mich gab.

Ganz anders verhielt sich mein Vater, der als Arzt natürlich auch wissender war. Er ließ den Lehrer zu einer offenen und ausführlichen Aussprache von Mann zu Mann kommen, und sein Eindruck von ihm war so positiv, daß er wußte, diese Beziehung könne für mich nur fruchtbar und in keiner Weise gefährlich sein. Allerdings klärte er mich dann persönlich über das Faktum auf, das diese häusliche Aufregung hervorgerufen hatte.

Wenige Monate vor dem Abitur ereignete sich nun sozusagen der letzte und stärkste pubertäre Ausbruch. Ich hatte eine einmalige Nachtwanderung auf den Brocken im Harz geplant. Ich wollte allein zum Sonnenaufgang dort hinauf. Es war alles mit den Eltern besprochen. Da starb ein mir persönlich ganz fernstehender Onkel unserer zahlreichen Familie, woraufhin mir erklärt wurde, jetzt müsse ich natürlich auf diese Wanderung verzichten und zum Begräbnis dableiben. Ich sah nicht ein, daß ich wegen eines mir fast fremden Menschen ein so großes Erlebnis wie diese Wanderung aufgeben sollte. Diskussionen und Bitten nützten nichts, diesmal blieben beide Eltern hart. Da packte ich heimlich meinen Rucksack und schlich unbemerkt davon, im Selbstgefühl meines «höheren» Rechts.

Die Nachtwanderung war unvergeßlich. Ich stieg zum Teil ohne Weg, nur mit dem Kompaß, auf den Berg. Es war eine klare Mondnacht: flimmerndes Licht in den Bäumen, auf den bemoosten Steinen, den lebendigen Quellen. Ich gestehe, daß ich in diesem Alter von einer solchen Naturbesessenheit war, daß ich Bäume umarmt, mein Gesicht in Quellen getaucht und oft die Erde geküßt habe. Ich schäme mich nicht, dies zu gestehen, denn es ist die Wahrheit. – Ich kam zur rechten Zeit, kurz vor Sonnenaufgang, auf den Gipfel. Alles war genau so groß und herrlich, wie ich es mir erträumt hatte. Nachdem die Sonne ein Stück weit am Himmel stand und ich gefrühstückt hatte, setzte ich mich hin und schrieb meinen Eltern einen von Liebe, Begeisterung und Glück überströmenden, über zwanzig Seiten langen Brief: Wie glücklich ich sei, auch wenn ich sie dieses Mal vielleicht gekränkt hätte. Sie sollten Vertrauen zu mir haben. Ich wolle ein schönes, reines, großes und leidenschaftliches Leben führen. Ich dankte ihnen für alles Gute, das ich von ihnen empfangen hätte. Nun aber fühlte ich mich mündig, und sie sollten mir bitte in Liebe vertrauen, daß ich keine schlechten Wege gehen würde, auch wenn es andere Wege wären als die, die sie sich für mich vorgestellt hätten ... Dann legte ich mich für den ganzen Tag in die warme Bergsonne und las – «Faust II. Teil», wahrscheinlich ohne allzuviel davon zu verstehen. Als ich nach Hause kam und an der Tür läutete, klopfte mir das Herz doch ein wenig, und ich war nicht ganz so groß wie als Briefschreiber. Ich hörte Schritte kommen. Der Schlüssel wurde gedreht. Die Tür ging auf, da stand mein Vater. Er sah mich an und ich sah ihn an. Da sagte er das erlösende Wort: «Na, war's schön?» Ich fiel ihm um den Hals und alles war gut.

Nun kam das Abitur. Ich war in der Vorschule Primus gewesen und dann später durch meine vielen, mit der Schule schwer zu vereinbarenden Interessen langsam auf die letzten Plätze hinuntergerutscht [wir wurden noch nach Leistungen gesetzt]. Trotzdem hatte das Abitur für mich keinerlei Schrecken. Es ging alles glatt, nur meine große Schwäche, die Geschichte, bereitete mir Sorgen, obwohl der Geschichtslehrer, der mich gern mochte, mir zu helfen suchte, wie er nur konnte. Er hatte mir, ganz unerlaubterweise, schon vor dem Abitur gesagt, ich solle mich auf die Preußisch-Brandenburgischen Kurfürsten vorbereiten – die Siegesallee! –, und das hatte ich brav getan. Zuerst fragte er mich – rechts vom Direktor sitzend, während ich ihm gegenüber saß – nach allen Jahreszahlen, die ich mir mechanisch eingebläut hatte. Es ging wie am Schnürchen. Er sagte: «Das ist ja ausgezeichnet.» Nun noch eine Frage: «Wie regierte der große Kurfürst?» Ich war ahnungslos. Da öffnete der gute Mann seine Jacke und deutete, hinter der Jacke gegen den Direktor geschützt, mit dem Zeigefinger auf sich selbst, um mir das Wort «absolut» nahezulegen. Ich Unseliger aber sagte wie aus der Pistole geschossen: «Sehr egoistisch», und damit war meine Geschichtsschlacht verloren. Ich höre noch jetzt wie eine Trompete des Jüngsten Gerichts den Aufschrei des Direktors: «Herrjotte doch nee!»

Dann ging alles sehr schnell, und es kam der Tag, an dem wir erfuhren, wer bestanden habe – ach, die Armen, die durchgefallen waren und bleich davongingen –, und dann die Entlassung.

Ich ging noch einmal ganz allein auf den nüchternen, viereckigen, jetzt leeren Schulhof und sah die zwölf Jahre, die ich dort verbracht hatte, an mir vorüberziehen. Ich kann nicht sagen, daß ich von dem berühmten Freiheitsgefühl, das viele nach dem Abitur befällt, erfüllt gewesen wäre. Mir war nur wehmütig ums Herz und bang vor der Zukunft.

Nach dem Abitur ging ich, wie vorgesehen, wieder zum alten Kayssler, der mich an den Schauspieler Günther Stark zum Unterricht verwies. Ich studierte bei ihm zunächst ein wenig Sprechtechnik – für dieses problematische Gebiet, das, wie ich glaube, sich jeder am besten selber erobert, habe ich später noch die verschiedensten Lehrer aufgesucht, denn ich «überschrie» mich anfangs sehr leicht, was besonders in der Zeit des Expressionismus mit seiner prinzipiellen Exhibition fast unvermeidlich war. An Rollen erarbeiteten wir den von mir heißgeliebten Prinzen von Homburg – daß ich ihn mit meiner Physiognomie niemals auf der Bühne würde darstellen können, ahnte ich damals noch nicht – und den Arnold Kramer. Mir ging alles viel zu langsam. Ich sagte mir: früher haben die Schauspieler doch auch keine Schule besucht, sondern einfach an irgendeiner Schmiere ihr Handwerk gelernt. Warum gibt es so etwas denn heute nicht mehr? In diesen Überlegungen wurde der Rat der alten Frau Prof. Moser, der Frau von meines Vaters Geigenlehrer, zur Wegweisung. Sie sagte: «Es gibt doch jetzt, gerade aus Kreisen der Jugendbewegung, so viele herumziehende Truppen, von denen doch manche sehr gut sein sollen. Erkundige dich mal nach so etwas!» Über den Potsdamer Freundeskreis fand ich einen jungen Kunsthistoriker, den spätern Prof. Alfred Neumeyer, der mir die Freudenbotschaft sagen konnte, daß gerade in diesen Tagen der Leiter einer Schleswig-Holsteinischen Wandertruppe, der junge, zweiundzwanzigjährige Maler Hans Holtorf, in Berlin sei und Schauspieler für seine Volksspiele suche. Er gab mir seine Adresse. Ich fuhr zu ihm.

Ich trat in ein Zimmer, in dem ein hochgewachsener, ganz magerer junger Mensch saß, dessen Gesicht den Ausdruck eines blonden Negers hatte, mitten drin zwei phantasievolle blaue Augen, wie von einem Wassermann. Er starrte mich wenige Sekunden an und schlug, ehe ich noch ein Wort gesagt hatte, auf den vor ihm stehenden Tisch und rief: «Jessas, jetz hew ick min' Düwelspeeler!» So glücklich ich einerseits war, so erschrocken war ich über diese plötzliche Festlegung auf das Teufelsfach, denn ich hielt mich persönlich für einen Liebhaber und Helden. Ich sprach Holtorf dann auch noch einiges vor, was ihn, der instinktiv bereits fest von mir überzeugt war, weiter bestärkte, und ich bat nur noch dringend, mir neben den Teufelsrollen wenigstens einen reinen Liebhaber zu garantieren. Das geschah: es war der Lanzelot in «Lanzelot und Sanderein». Der «Vertrag», den ich dann bekam, setzte die Termine, die natürlich kleine Gage – es gab dort nur Einheitsgagen – und die Reiseformalitäten fest.

Ich trennte mich, nach einem an sich viel zu kurzen Unterricht, von meinem Lehrer und fuhr mit geschwellter Brust nach Heide in Holstein, wo die Proben beginnen sollten. Dort waren wir in bürgerlichen Quartieren untergebracht, einzeln oder zu zweit. Wir aßen gemeinsam in einer Art Altersspeisung und probten auf einer Gasthofbühne. Die Mutter von Holtorf nähte die Kostüme.

Ich kam mit einem großen, interessant aussehenden jungen Mann zusammen ins Quartier, den man mir schon vorher als eine Art «Grabbe- oder Büchner-Typ» geschildert hatte. Am Abend, als wir in den Federn lagen, sagte ich: «Wir werden doch jetzt hier längere Zeit zusammen arbeiten. Wollen wir uns nicht du sagen? Ich heiße Ernst.» Darauf sagte er: «Gerne, aber meinen Namen mußt du raten. Ich habe nämlich einen besonders schönen Namen.» Ich erriet ihn nicht. Da sagte er, er heiße Heinrich Mathias. Sein Nachname war Wieman. Dann wurden wir «Faust» und «Mephisto», nicht nur für jene Zeit, sondern auch noch 35 Jahre später in Zürich.

Das Faustspiel allerdings, das wir in Heide zu spielen hatten, war das sogenannte «Puppenspiel vom Doktor Faust». Dieses Stück enthält eine gewaltige Kernszene, in der Faust den Mephisto beschwört, ihm zu sagen, was er, Mephisto, tun würde, wenn er noch Hoffnung auf Seligkeit hätte. Es folgt dann der Satz, den ich, obwohl schon öfter zitiert, auch hier wieder in Erinnerung rufen möchte, denn diese Szene und dieser Satz wurden wie zum Leitsatz für mein ganzes künstlerisches Leben. Mephisto versucht die Antwort zu verweigern, aber Faust zwingt ihn, kraft des Paktes, zum Geständnis: «Fauste, Du willst es haben, so höre mich auch an. Wenn ich Hoffnung auf Seligkeit erlangen könnte, so wollte ich ganze Jahre hindurch die allergrausamsten Martern erdulden. Und sollte auch die ganze Welt mit lauter glühenden Eisenplatten beschlagen sein, so wollte ich sie doch nicht geschwinder als eine Schnecke durchwandern. Und wenn eine Leiter vom tiefsten Abgrund der Hölle bis zum obersten Himmelsgipfel führte und jede Sprosse wäre mit tausend und abermals tausend scharfen Schermessern besetzt, und ich könnte alle menschlichen Empfindungen spüren, und sollte ich auch so klein zerschnitten werden wie Sand am Meer, so wollte ich doch mit Freuden die Leiter besteigen und danach trachten, den obersten Gipfel zu erreichen, um nur ein einziges Mal Gott anzuschauen – dann wollte ich gerne in alle Ewigkeit wieder ein Geist der Verdammten sein!»

Ich war mir der Gewalt dieses Satzes bewußt. Aber ebenso war es mir völlig rätselhaft, wie ich das spielen sollte. Derlei war mir noch nie untergekommen. Ich bat Holtorf um Rat. Er sagte: «Das müssen *Sie* wissen.»

So gingen wir in den Gasthof zur Probe, Holtorf, Wieman und ich. Ich weiß noch, Wieman hatte mich von einem großen Podest herab zu beschwören. Ich wand mich unten, zu seinen Füßen, in Widerstreben, fast am Boden. Dann ließ ich geschehen, was geschehen wollte. Der ungeheure Satz brach in langsamer Steigerung aus mir heraus. Aus der bedrückten Stellung richtete ich mich mit dem Bilde der Leiter mehr und mehr auf, bis ich bei dem Wort «um nur ein einziges Mal Gott anzuschauen» mit nach oben ausgestreckten Armen und zurückgerissenem Kopf meine äußerste Länge erreicht hatte. Dann stürzte ich, wie vom Blitz getroffen, flach auf den Boden, wo ich den Satz «dann wollte ich gerne in alle Ewigkeit wieder ein Geist der Verdammten sein» nach einer langen Pause nurmehr leise wimmerte. – Nichts von all dem war Absicht oder überlegt. Es war wahrhaft reinste «Expression», ungeheuer gesteigert, ekstatisch, unter Hergabe der letzten physischen Kräfte, außerhalb jeder Psychologie, denn was sollte bei einem so abstrakten Satz «Psychologie». Damals wußte ich überhaupt nicht, was ich tat, ich war in die Szene halb bewußtlos hineingesprungen. Als sie vorbei war, kam Holtorf mit nassen Augen begeistert auf die Bühne gesprungen, umarmte Wieman und mich und sagte: «Heute ist keine Probe mehr!» Dann gingen wir zusammen aus dem Städtchen hinaus ins Freie und legten uns auf eine Wiese, wo ich zwar vor Erschöpfung, aber unvergeßlich gut und glücklich in der Sonne schlief. Das war meine erste große Probe, sie war sozusagen «die Probe aufs Exempel».

Freilich eine expressionistische Probe. Wer zu der Generation gehört, die am Ende des Ersten Weltkriegs fünfzehn Jahre alt war, hat seine frühesten Theatereindrücke in der Zeit des Expressionismus empfangen, der in der ersten Nachkriegszeit das deutschsprachige Theater beherrschte. Es war dies eine heute billig zu belächlende, in ihrer Bedeutung für die Entwicklung des Theaters aber gar nicht zu überschätzende, durchaus neue Form des dichterischen wie des schauspielerischen Ausdrucks. Die Vorgänger und geistigen Paten dieser Bewegung waren Wedekind und

Strindberg. Man war der naturalistischen, in tausend Einzelzügen ertrinkenden Verspieltheit ebenso müde wie der konventionellen hohl-pathetischen Hoftheater-Deklamation. Man suchte den konzentriertesten, den schmucklosesten, innerlichsten Ausdruck für das Ungeheure, das nach vierzig Friedensjahren erlebt worden war: für den Krieg – und für den großen Traum, an den man in kindlichem Fortschrittswahn, revolutionär oder religiös, glaubte: für den Frieden einer brüderlichen Menschheit. Es war die «O-Mensch»-Literatur. Die «Nie-wieder-Krieg»- und die «Sohn-gegen-Vater»-Dramen folgten einander. Man denke an Unruh, Toller, Hasenclever, Kaiser, Sternheim, Goering, Bronnen, Kornfeld, Sorge, an die Anfänge Bertolt Brechts – um nur einige Beispiele zu nennen. Gewiß war die Überfülle des Erlebnisses meist stärker als die sprachliche Form, die oft in Schreie und Gestammel zerbrach. Gewiß verbarg sich hinter dem frontal zum Publikum gewaltig ausbrechenden, übermäßig rhythmisch-dynamisch bestimmten Schauspieler jener Zeit viel Unkontrollierbares. Es ist eine Tatsache, daß viele Schauspieler des Expressionismus später auf der Strecke blieben, weil sie nur herrlich schreien konnten: «Stirb, Elender!», aber außerstande waren, schlicht und natürlich «Guten Tag» zu sagen. Und dennoch war diese Überbetonung der ekstatischen Leidenschaft nach der vorangegangenen Zeit überzüchteter, selbstgefälliger Artistik ein notwendiger, reinigender Prozeß. Er entsprach genau der chaotischen, fiebrigen, aber im Gegensatz zu unserer heutigen Zeit noch glühend optimistischen Grundstimmung der Weltkriegs-Generation, die, geschlagen vom Grauen des Erlebten, nach Weltverbrüderung lechzte. Zur Ehre all dieser Dramatiker sei gesagt, daß – im Gegensatz zur Mehrzahl der jüngeren Schriftsteller – außer Bronnen keiner von ihnen später zum Nationalsozialismus überlief. Die meisten von ihnen, die den Expressionismus nicht zu Gunsten klarerer und freierer Formen überwanden, werden wohl der Vergessenheit anheimfallen, wie es das Schicksal der Wegbereiter zu sein pflegt. Dichterische Potenzen aber, wie Else Lasker-Schüler und Ernst Barlach – beide ohne den Expressionismus undenkbar, aber über ihn hinausgewachsen –, werden, soweit Zeitgenossen das ermessen können, wohl bleiben, wie auch natürlich, unnötig zu sagen, Bert Brecht.

Bevor nun unsere eigentliche Spielzeit – es handelte sich nur um drei Sommermonate – begann, veranstalteten wir in Heide einen Rezitationsabend, bei dem sich das Ensemble vorstellen sollte. Das Programm entwarf ich, anspruchslos und bescheiden: «Von der Bibel bis zur Moderne». Ich selbst eröffnete den Reigen mit Huttens «Ich hab's gewagt», gewissermaßen als Motto ...

Dann kam unsere Premiere in Heide, und die Tournee durch das weite flache Schleswig-Holstein'sche Land begann. Das Glücksgefühl dieser Zeit kann nur verstehen, wer mit achtzehn Jahren Ähnliches erlebt hat. Wir bauten, in abwechselnder Equipe, selber unsere primitive Bühne auf, denn wir spielten oft in Kirchen. Das berühmteste Stück der Truppe war zunächst «Der Totentanz», ein von Holtorf nach den Gemälden und Inschriften in der Lübecker Marienkirche für die Bühne bearbeitetes Mysterienspiel von eindringlichster Wirkung. Man muß bedenken, daß der Erste Weltkrieg nur wenige Jahre zurücklag. Wenn der Zug der Toten, geführt von Holtorfs gespenstisch magerem, eckigem Tod, nach den Marschrhythmen sehr alter Orgelmusik durch das Kirchenschiff zog, zwischen den Reihen des erstarrten Publikums hindurch, kam von vornherein eine Stimmung auf, die das normale Theater kaum zu erreichen vermag.

Der reifste von uns allen war damals zweifellos Wieman, der auch schon vom Statieren am Deutschen Theater in Berlin eine gewisse Bühnenerfahrung mitbrachte. Wieman war uns aber auch noch in andern Dingen voraus: er trank, und zwar mit Vorliebe Eiskümmel, was uns geradezu dämonisch verrucht erschien, und er wußte bereits mit Mädchen umzugehen, was wir halb mit Staunen, halb mit Schrecken beobachteten. Während ich in jener Zeit noch ganz mit meinem Hölderlin lebte, rang er mit den Abgründen Dostojewskis. Er spielte außer seinem Faust einen wahrhaft erschütternden Woyzeck, der schon viel von der Presse beachtet wurde, obwohl wir alle anonym spielten. Kein Schauspielername wurde genannt. Es schien uns absurd, daß auf einem Plakat am größten der Name des Schauspielers, kleiner der des Stückes und am kleinsten der des Dichters gedruckt zu lesen war. Und so übertrieben unsere Konsequenz war, den Schauspielernamen überhaupt zu verschweigen, so sehr muß ich noch heute gestehen, daß mir das Grundprinzip dieser Einstellung für mein ganzes Leben verbindlich blieb, ebenso wie die Selbstverständlichkeit, mit der jeder Einzelne sich in das Ganze einzuordnen hatte, was man mit dem großen Wort «Ensemblegesinnung» bezeichnet. Sie ist heute fast ganz verlorengegangen.

In unserer Reihe war auch der später mit Recht berühmt gewordene Werner Finck; damals ein verkauzter Sonderling, bei dem wir schwankten, ob wir es mit einem Narren oder mit einem Genie zu tun hätten. Auch die kleine, zarte Ruth Hellberg gehörte zu uns und ganz kurze Zeit [in der folgenden Saison] auch Veit Harlan, ein ausgesprochen egozentrischer Fremdkörper in unserem Kreise. Später, allerdings nicht zu meiner Zeit, stieß auch Erwin Parker zu der Truppe. Ein großer Teil der Truppenmitglieder bestand aus reinen Laien, zum Teil bezaubernden, theaterbesessenen, schrulligen jungen Menschen, die für die Sache der Holtorf-Truppe ihr Letztes gaben.

Während eines Gastspieles in Hamburg wurde ich von Erich Ziegel an die Hamburger Kammerspiele engagiert, natürlich als Anfänger. Da ich aber von der Holtorf-Truppe «tragende Rollen» gewohnt war – mein Mephisto und mein Lanzelot, obwohl der letztere, glaube ich, reichlich mißglückt war, hatten mich zu einem der Protagonisten der Truppe gemacht –, erschien mir das normale Schicksal der Anfänger, das ich an Ziegels prächtigem, aber eben normalem Theater zu erleiden hatte: nämlich kleine und kleinste Rollen zu spielen, unter meiner Würde. Dabei hätte ich dort sehr viel lernen können, denn der junge Gründgens war gerade damals dort der aufsteigende Stern. Aber ich bat Ziegel um Auflösung meines Vertrages und ging – zurück zur Holtorf-Truppe.

Meine Eltern waren entsetzt. Sie glaubten, ich sei unseßhaft und hätte mir mit dieser Vertragslösung jede normale Karriere verdorben. Aber es sollte sich zeigen, daß – wie so oft in meinem Leben – dieses Wagnis zum Guten für mich ausschlug. Zunächst zog ich also noch eine zweite Saison mit der Holtorf-Truppe. Ihre Erfolge wurden immer größer und größer, so daß unsere Reise uns aus Schleswig-Holstein hinaus und schließlich durch ganz Deutschland führte. Wir wurden in unserem Spielstil immer expressionistischer, dem Zug der Zeit entsprechend, malten uns stilisierte, oft sogar überstilisierte Masken aufs Gesicht, «à la Tairow», und wurden meist von der deutschen Presse als Wegbereiter einer neuen Theaterkunst gefeiert. Wir waren stolz und glaubten, so etwas wie eine Mission zu haben, obwohl der Stil, in den wir uns verrannt hatten, früher oder später zur Stagnation geführt hätte. Aber etwas anderes brach uns das Genick: nämlich die Inflation. Was wir am Abend verdienten, reichte am nächsten Tag nicht, um nur die Koffer weiter zu transportieren, und so kam es, allen ein schmerzlicher Tag, zur Auflösung der Truppe und zum Ende einer für uns alle wunderbaren Zeit.

Vor Beginn der zweiten Tournée hatte Wieman übrigens erklärt, er wolle ein ganz anderes Leben führen, er habe genug

von Mädchen. Ich erinnere mich, nach vollendetem Bühnenaufbau in der kleinen Kirche des Holsteinischen Dorfes Lunden auf den Kirchturm gestiegen zu sein, um etwas über Land zu schauen. Da sahen meine erstaunten Augen die große, etwas gebückte Gestalt Wiemans zwischen den Kornfeldern einherwandeln, an der Hand eine unserer neuesten Darstellerinnen. Ich läutete teuflisch die Kirchenglocken, und die beiden schauten erschrocken auf ... Ach, was wir auf diesen Reisen alles erlebten!
Es war in Chemnitz in Sachsen, wir spielten unsern Doktor Faust. Das Hauptdekorationsstück der Fauststube war ein Pult, das in zwei Absätzen nach oben stieg. Über das Pult war ein schwarzes Tuch geworfen, auf dem ersten Absatz standen rechts und links brennende Kerzen, und auf dem Pult stand ein Kruzifix. Dieses Kruzifix hatte ich nach dem Pakt mit Faust, nachdem dieser abgegangen war, mit gewaltiger Geste hinunterzuschlagen und, wie ein Affe an der Stelle des Kruzifixes hockend, den weitern Text zu sprechen. Da hörte ich hinter mir mehrfaches, verzweifeltes «Pst!» – «Psst!!» – «Sie!!!» – «Sie!!!» – «Daifel!!!!!» – und endlich, nachdem ich auf nichts reagiert hatte, das Faktum: «'s brennt!!» Ich schaute mich entsetzt um und sah, daß die eine Kerze hinter mir umgefallen war und die Flammen am Pult senkrecht heraufleckten. Mit einer grotesken Anstrengung atmete ich ein und hatte den ebenso grotesken Erfolg, mit einmaligem Pusten die hohe Stichflamme zum Erlöschen zu bringen. Begeistert von dieser Sensation sprang ich neuerdings auf das Pult, das unter mir zusammenkrachte, worauf der Vorhang fallen mußte. Danach stand am nächsten Tag in einer Chemnitzer-Zeitung: «Der Höhepunkt des Abends war zweifellos der, in dem Mephisto Fausts brennenden Lehrstuhl in Trümmer schlug!» So kommt man zu Erfolgen.

Mitten im Trubel dieser zweiten Tournee erreichte mich ein Telegramm meines Vaters, ich solle sofort nach Hause kommen, meine Mutter sei schwer erkrankt. Ich wurde für einige Tage beurlaubt und fuhr nach Berlin. Als mein Vater mir die Tür öffnete, sah mich ein verwandelter Mensch an. Ich wußte, meine Mutter war gestorben. Sie lag noch in ihrem Bett, und mein Vater ließ mich mit ihr allein. Ich dachte bedrückt über unsere schmerzliche Entfremdung nach und wollte, es wäre alles anders gewesen, als es war. Heute, als reifer Mann, weiß ich, daß alles, alles aus einem argen Mißverständnis kam und daß ich als Achtzehnjähriger eben noch nicht die Überlegenheit haben konnte, die naive Erziehung, die meine Mutter so weltfremd gelassen hatte, für das verantwortlich zu machen, was zwischen uns geschehen war.

So wie mich Ziegel in Hamburg von der Truppe weg engagiert hatte, so geschah es mir nun in München durch Otto Falckenberg, den Direktor der Münchner Kammerspiele. Und dieses Engagement, aus dem ich nicht wieder fortlief, war für mich ein bei weitem fruchtbareres, als es Hamburg je hätte sein können.

Die zwei Jahre, die ich an diesem Theater – zweifellos einem der allerbesten, jedenfalls dem poetischsten Theater, das Deutschland damals besaß – verbrachte, waren das letzte Jahr der alten Kammerspiele in der Augustenstraße und das erste Jahr nach der Übersiedlung in die Maximilianstraße. Wiederum hatte ich das einzigartige Glück, an einem Theater zu sein, dessen Kraft der noch ungebrochene Ensemble-Geist war, ein Glück, das mir seltsamerweise in meinem ganzen Theaterleben treu blieb. Ebenfalls ein Glück war, daß dieses Theater zu den räumlich kleinen Bühnen gehörte. Die unersetzlichen Vorzüge intimer Bühnen kann man gerade heute nicht hoch genug rühmen, wo in der allgemeinen Megalomanie Theater wie Bahnhöfe gebaut werden, in denen

der Schauspieler entweder verlorengeht oder zu ständiger Übersteigerung seiner Mittel genötigt ist.
Die Münchner Kammerspiele besaßen in ihrem Ensemble erste deutsche Schauspieler wie Horwitz, Schweikart, Riewe, Therese Giehse, Carola Neher, Maria Bard und viele andere berühmte Namen. Trotzdem wurde der Nachwuchs aufs liebevollste gepflegt, und im Gegensatz zu Hamburg kam ich hier – mindestens bei den sonntagnachmittäglichen Umbesetzungen, aber gelegentlich auch schon in Premieren – zu großen Aufgaben. Ich verliebte mich in diese zugleich naturhafte und geistige Stadt München, unter deren Asphalt man noch das Gras wachsen zu spüren meint. Ich genoß das Leben in der Münchner Bohème, die noch echten und ursprünglichen Charakter hatte. Ich erlebte meine erste wirkliche Liebesgeschichte, nun mit schräg gehaltenem Kopfe. Ich saß aber auch in der Osteria Bavaria und sah am Nebentisch einen düsteren Mann sitzen, dem eine schwarze Haarsträhne ins Gesicht hing, und man sagte mir, das sei «dieser Adolf Hitler». Und wenn man Glück hatte, konnte man zur selben Zeit durchs Fenster den Nuntius Pacelli, den späteren Papst Pius XII., vorbeigehen sehen. Die Seiten der Geschichte waren damals von diesen beiden Männern noch nicht beschrieben ...
Es gab auch den genialen Volkskomiker Karl Valentin, der die Frage, was er denn in einer seiner grandiosen Rauschszenen auf der Bühne trinke, mit dem Wort «Wasser» beantwortete, in jener stark alkoholisierten Geniezeit ein für uns Aufsehen erregendes Faktum.
Und für mich persönlich gab es die Lebensbegegnung mit den Menschen, die auf meine ganze geistige und künstlerische Entwicklung den größten Einfluß haben sollten: mit meinem Freunde Kurt Horwitz und seiner Frau Dela, die mich zu Karl Kraus und Theodor Haecker führten, zur «Fackel» und zu Ludwig von Fickers «Brenner».

Das Wirken des Wiener Satirikers und Dichters Karl Kraus sowohl als Schriftsteller wie als Vortragender war gerade für uns Menschen des Theaters von entscheidender künstlerischer und sittlicher Bedeutung. Hier war, mitten in dem Getriebe wichtigtuerischer Literaten und leichtfertiger Journalisten ein Mann, der mit einzigartiger Sprachgewalt und kompromißloser Unbedingtheit das Echte vom Unechten zu scheiden vermochte. Uns gingen die Augen und die Ohren auf. Wir lernten mitten im Dickicht der Sprachverkommenheit und im Lärm des Alltäglichen die Ehrfurcht vor dem Wunder des Wortes. Unsere Sinne wurden geschärft für die Tonfälle der Wahrheit und der Lüge, des Lebens und der Phrase. Wir lernten den Literaten vom Dichter, Schein von Sein unterscheiden. Wir lernten vor allem das Wichtigste: alle unsere Einsichten mit dem ganzen Einsatz der Person zu vertreten und nicht anders zu sprechen als zu leben.

Die Schriften und Vorträge Theodor Haeckers, nicht zuletzt seine Kierkegaard-Auslegung, konnten für junge Menschen in jener chaotischen Zeit nicht minder erleuchtend und wegweisend sein als Karl Kraus. Haecker war es zum Beispiel, bei dem man zum ersten Mal, erst mit Befremdung, dann mit wachsendem Verstehen, die schroffe Ablehnung jener in unserer Jugend so vielbewunderten Faust-Stelle las, da Faust die Bibel zu übersetzen versucht und den Satz: «Im Anfang war das Wort» tollkühn verfälscht in «Im Anfang war die Tat». Haecker erklärte, daß wir eben hier dem eigentlichen deutschen Erbübel gegenüberstehen, nämlich der Versuchung, die Rangordnung der Werte umzustoßen und den Primat des Geistes zu leugnen.

In dem fruchtbaren Spannungsfeld solcher und anderer bedeutender Persönlichkeiten lebte der Münchner Schauspieler. In München fanden die wesentlichen Uraufführungen von Brecht und Billinger statt, und eine wichtige Münchner

Premiere war immer mehr als ein bloß theatralisches Ereignis. Es ging um wesentliche Dichtung, es ging um Geistiges. Von den führenden Persönlichkeiten dieses Theaters als zugehörig angenommen zu werden, war für einen jungen Menschen ein ehrenvolles Glück.
Nein – wahrhaftig, aus München lief ich nicht wieder fort.

Flug-Unfall

Neben großen Vorzügen, die mir das Münchner Engagement brachte, erlebte ich dort allerdings auch die beiden tiefsten Erniedrigungen meiner Laufbahn. In der Reihe der sonntagnachmittäglichen Umbesetzungen durfte ich auch einmal in zweiter Besetzung den ekelhaften Bruder in «Hans Sonnenstößers Höllenfahrt» spielen, eine Rolle, die in erster Besetzung meisterhaft mein späterer Freund Kurt Horwitz gespielt hatte. In diesem Stück wechseln Tag- und Traum-Szenen. Ehrgeizig wie ich war, wollte ich jene Traumszene, in der dieser Bruder als schrecklicher Engel mit blonden Locken, Autobrille und Propellerantrieb auf die Bühne geflogen kommt, noch viel phantastischer spielen als der damalige Münchner Star Horwitz. Aber die Strafe für solche Vermessenheit blieb nicht aus.

Diese Flugszene war technisch für mich nicht extra voraus probiert worden, so daß ich mich an jenem Sonntagnachmittag in größter Aufregung in die primitive Maschinerie hängen ließ, die mich als Superspuk auf die Bühne schweben lassen sollte. So stand ich angeschnallt, als technischer Schreckengel verkleidet, im Dunkel vor Beginn des entscheidenden Aktes auf einem Tisch abflugbereit und zischte dem Inspizienten ängstlich zu: «Wie geht denn das jetzt?» – worauf er mir beruhigend versicherte: «Dös is ganz einfach: Wann i sag ‹Los›, hebst ganz einfach d'Fiass in d'Höh' und dann fliagst ganz von allein naus.»

Schon ging der Vorhang auf, draußen auf der Bühne wurde es hell, ich wartete angespannt auf mein Stichwort und drehte heftig an dem Propeller an meiner Brust; denn ich hatte den Ehrgeiz, mit rotierendem Propeller auf die

Bühne zu fliegen, welchen Effekt ich bei Horwitz vermißt hatte. Meine Aufregung wuchs ins Ungeheure. Plötzlich hörte ich im Dunkeln die Stimme des Inspizienten: «Los! Na los schon, was is denn?» Offenbar hatte ich mein Stichwort überhört. Jedenfalls folgte ich mit preußischem Gehorsam dem bayrischen Befehl, hob «d'Fiass' in d'Höh'», mit dem Effekt, daß ich zunächst vom Tisch auf den Boden plumpste, zutiefst erschrocken die Knie bis an die Brust hochzog, um schweben zu können und auch wirklich in dieser grotesken Haltung auf die Bühne hinaus pendelte, dabei zwei im Wege stehende Stühle umriß, mit verzerrtem Gesicht an meinem Propeller drehte, gerade noch wahrnehmend, daß mich die auf der Bühne befindlichen Schauspieler wie einen Irren anstarrten, während ich schon wieder aus dem Bühnenlicht ins Dunkel zurückpendelte. Unglücklicherweise war ich von dem ganzen unerwarteten Vorgang derart verwirrt, daß ich nicht, wie es natürlich gewesen wäre, hinter der Bühne einfach die Füße auf den Boden setzte, sondern, obwohl mir klar geworden war, daß ich in eine vollkommen verkehrte Szene – noch dazu in eine Tag-Szene – hineingeflogen war, in meiner verkrampften Stellung verblieb und als hilfloses Paket ein zweites Mal in die falsche Szene hineinschwebte, während die Kollegen recht deutlich zu verstehen gaben, daß bei mir im Oberstübchen nicht alles in Ordnung sei. Als ich das drittemal von der Bühne zurückgependelt kam, ergriff mich der Inspizient bei den Füßen und verhinderte so weiteres Flugunglück. Ich flüsterte verzweifelt und schweißbedeckt: «Du hast ‹Los› gerufen», worauf er sich ungerührt verteidigte: «Du Rindvieh, i hab' doch d'Musi gmoant! Du kommst doch erst im nächsten Bild dran.»

Ich glaube, noch mehr als diese Katastrophe hat mich folgendes Erlebnis beschämt. Es war im Münchner Fasching. Ein lieber alter Kollege, der es gut mit mir meinte und den niedrigen Stand meiner Gage kannte, fragte mich, ob ich bereit wäre, gegen ein hübsches, kleines Honorar bei einer Faschingsveranstaltung einen Prolog zu sprechen. Da ich bisher immer sehr leicht auswendig gelernt hatte, sagte ich natürlich mit Freuden zu. Acht Tage vor diesem Faschingsfest erhielt ich das Manuskript. Es waren zehn engbeschriebene Seiten in fürchterlich dilettantischen fünffüßigen Jamben. Ich quälte mich mit dem Auswendiglernen herum und verschob es von Tag zu Tag. Das Unglück wollte, daß ich in jener Zeit Nacht für Nacht mit Kollegen von Atelier zu Atelier zog, viel trank, tanzte und wenig schlief. Als der Tag des Festes nahte, hatte ich einen dicken Kopf, aber wenig von dem zehn Seiten langen Text darin.
Ich hatte mich bisher gar nicht recht darum gekümmert, vor welchem Publikum ich mich eigentlich zu produzieren hätte. Jetzt erfuhr ich, daß es sich um einen «Verein ehemaliger Kriegsteilnehmer» handelte, also offenbar um recht reaktionär kämpferische Herren. Da ich erstens wegen meiner brüchigen Textkenntnis ein schlechtes Gewissen hatte, aber auch zweitens mein jüdisches Gesicht im Jahre 1925 vor bayrischen Kriegsteilnehmern lieber nicht zur Schau tragen wollte, ging ich ins Kaufhaus ‹Oberpollinger› und kaufte mir eine riesenhafte Kasperlnase, überdimensioniert und rassisch unidentifizierbar. So geschützt, und nachdem ich bis zur letzten Minute verzweifelt, aber erfolglos an dem unmöglichen Text gebüffelt hatte – vor Faust II hätte ich weniger Angst gehabt –, ging ich ans Werk. Bereits vor Betreten des Saales versteckte ich meine große Privatnase in die noch größere aus Pappe.

Vor der Saalbühne empfingen mich schon stark alkoholisierte schneidige Herren; im Saal kochte der Faschingstrubel, und es roch nach Bier und Schweiß. Ein dicker Mann stellte sich als der Dichter des Prologs vor und drückte mir sein Vertrauen aus, daß ich dieser Dichtung zum vollen Erfolg verhelfen werde, und mit einem treuherzigen, aber schmerzhaften Schlag auf die Schulter stieß er mich vor den Vorhang ins Scheinwerferlicht. Fröhliches Gejohle empfing mich samt meiner Riesennase. Der Augenblick war da, und ich stürzte mich in den Strudel des unsinnigen Textes. Bis zur Seite vier ging alles gut; die dümmsten Witze wurden beklatscht und belacht. Jetzt aber kam ich ins Schwimmen. Der ganze Text geriet mir durcheinander, zumal dicht hinter mir, hinter dem Vorhang, der Dichter mich aufgeregt ständig verbesserte, ungeschickt zu soufflieren versuchte und mich vollends konfus machte, bis er schließlich wütend ausbrach: «Jessas, Jessas, dös will a Schauspieler sein – so a Stöpsler, so a Stöpsler!» Und schon kamen auch aus dem Zuschauerraum die ersten gellenden Pfiffe. Offenbar waren doch noch nicht alle betrunken.
Ich weiß nicht mehr, wie ich das Ganze zu Ende gebracht habe, ich weiß nur noch, daß ich eigenen und fremden Text wahllos durcheinander in den Saal schleuderte, manches war auch von Busch, Morgenstern und Ringelnatz. Dann ging ich unter einem, ich weiß nicht, ob ironisch gemeinten, tobenden Beifall ab, flüsterte dem Dichter irgendeine sinnlose Entschuldigung von furchtbaren Kopfschmerzen zu, daß ich natürlich jetzt auf jedes Honorar verzichten würde; und ich suchte so schnell wie möglich durch das ungeheure Maskengedränge des Saales zu entkommen, indem ich diesmal die Kasperlnase abnahm, denn es schien mir nunmehr immer noch vorteilhafter, als unerwünschtes jüdisches Gesicht, denn als der soeben ausgepfiffene Schauspieler identifiziert zu werden.

Fast hatte ich den Ausgang erreicht, da hielt mich eine kräftige Faust fest: «Waren Sie nicht der, der da eben den Prolog gesprochen hat? Ich bin von den ‹Münchner Neusten Nachrichten›! Wie heißen Sie?» Wäre ich nicht schon schweißnaß gewesen, jetzt wäre ich es geworden! Fieberhaft suchte ich nach einer Ausflucht und erklärte dem Journalisten, wir dürften vom Theater aus eigentlich bei solchen Veranstaltungen gar nicht mitwirken und ich bäte ihn darum, nichts darüber zu schreiben, «ich möchte meinen Namen deshalb auch nicht sagen.» Der Journalist erklärte dämonisch, er werde den Namen schon herausfinden, übrigens scheine es ja reizend gewesen zu sein, obwohl er selber in der hintersten Ecke des Saales bei dem allgemeinen Lärm allerdings nichts verstanden hätte, «aber die Leute haben ja scheint's sehr reagiert». Ich traute dem Frieden nicht und verdrückte mich so schnell wie möglich von der Stätte meiner Schmach.

Zwei Tage später las ich unter den Faschingsberichten auch einen über das Fest ‹Ehemaliger Kriegsteilnehmer›. Er schloß mit dem Satz: «Den Prolog sprach mit launigem Humor Ernst Grinsebock von den Münchner Kammerspielen.» – Dies war meine erste Münchner Kritik, sie hat einen Schatten über meine ganze, von vielem unfreiwilligen Grinsen und Lachen irritierte Karriere geworfen ...

Joachim Ringelnatz

Wie man sich aus einer verzweifelten Situation mit mehr Würde und größerem Erfolg herausrettet, als es mir auf diesem Faschingsfest gelungen war, das lehrte mich in eindrucksvollster Weise der Dichter Joachim Ringelnatz, an dessen Stammtisch im «Simpl» ich trotz meiner Jugend freundlichst geduldet wurde. Ich kann mir das nur damit erklären, daß Ringelnatz spürte, daß ich in ihm nicht wie die meisten Bewunderer primär den derben, provokatorischen Kauz sah und belachte, sondern daß es mir seine zarten, zärtlichen Gedichte angetan hatten. Auch seine Frau «Muschelkalk» – so genannt in bezug auf die Verse ihres Gatten – nahm mich ihrerseits unter ihre schützenden Fittiche.

Das oben erwähnte Ereignis spielte sich folgendermaßen ab: Es war an einem jener Abende, an denen Ringelnatz aufzutreten hatte. Der schlauchartige, verrauchte Raum des «Simpl» war wie immer überfüllt. Die Gäste drängten sich wie die Heringe vor der Miniaturbühne zusammen, in der Mitte der ersten Reihe eine üppige, tief dekolletierte, brillantengeschmückte Dame. Ringelnatz betrat unter dem üblichen Applaus, wie immer leicht angetrunken und schwankend, das Podest, in der rechten Hand das obligatorische Glas Weißwein balancierend. Er sammelte sich und begleitete die erste Strophe seines Gedichts mit einer rhythmischen Armbewegung, die zur Folge hatte, daß etliches aus seinem Weinglas überschwappte und unseligerweise gerade in das Dekolleté jener zu seinen Füßen sitzenden Dame klatschte, die sofort empört zu schimpfen begann. Ringelnatz, der alles andere als unhöflich war, brach sofort seine Rezitation ab, um sich aufs demütigste zu entschuldigen. Aber jene Dame schimpfte unversöhnlich weiter. Ringelnatz versuchte zaghaft, seine Rezitation ein zweites Mal zu beginnen, wobei er das Weinglas ängstlich in Ruhestellung hielt. Aber die Schimpfende war lauter als der Dichter. Er brach ein zweites Mal ab und sagte: «Nu seh'n Se, gnä Frau, ich hab' mich doch so scheen bei Ihn' entschuldicht, nu lassen Se mich aber auch mein Gedicht sachen!» Er begann zum dritten Mal, aber die dekolletierte Schöne hörte nicht auf zu räsonieren, obwohl der ganze Raum sie zur Ruhe zischen wollte. Sie wurde immer ausfälliger. Da hielt der kleine, vierschrötige Mann zum dritten Mal inne, richtete seine wunderbaren blauen Augen unter den wildbuschigen Brauen zugleich scharf und bedauernd auf die Dame, legte den Kopf mit der großen Vogelnase sorgenvoll auf die Seite und sagte lakonisch: «Na scheen! Denn eben nich!» und goß den Rest des Weinglases der Dame in den empört wogenden Busen. Sie verließ das Lokal unter dem Jubel aller Augenzeugen dieser Szene, die Ringelnatz mit dem Wort beendete: «Ich hab's wirklich nich gern getan.» –

Des Teufels Schwanzträger

Die Salzburger Festspiele haben die trübe Schattenseite, daß diejenigen, die am wenigsten von ihnen zu sehen bekommen, die Salzburger sind. Das wurde besonders spürbar bei den «Jedermann»-Aufführungen. Da drängten sich nämlich am Nachmittag zahllose Salzburger Kinder vor den Bühnenausgang des kleinen Festspielhauses, in dessen Garderoben wir uns umzogen, um den kurzen Moment zu erhaschen, wo wir geschminkt und kostümiert herauskamen und das Auto bestiegen, das uns zum Domplatz, an unsern Auftrittsort, fuhr. Natürlich waren für die Kinder die Figuren des Todes und des Teufels, den ich jahrelang zu spielen hatte, die aufregendsten Attraktionen, die sowohl beim Herauskommen aus dem Theater, wie bei der Rückkehr vom Domplatz mit Geschrei begrüßt wurden. Einmal, als ich in meinem Teufelsfell mit den Teufelshörnern, dem erschröcklich langen Schweif und meiner papageienfarbigen, wildgeschminkten Maske im Auto vom Domplatz zurückkehrte und ausstieg, um mich wieder in meine Garderobe zu begeben, blieb das gewohnte Geschrei der Kinder aus. Statt dessen trat mit zögernden Schritten aus ihrer Mitte und von den Nächststehenden halb vorgeschoben ein winziges Bübchen auf mich zu, bleich, mager, sommersprossig, mit abstehenden Ohren und wunderschönen Augen in dem schmalen Gesichtchen. Es näherte sich mir langsam und ängstlich unter dem aufgeregten Gekicher all der andern Kinder und hauchte schließlich die Worte: «Gell, Deifi, du bist a liaba Deifi, denn den bösen Deifi – den gib's ja gar net!» Ich bemühte mich, unter meiner bösen Maske so vertrauenerweckend wie möglich auszusehen, und fragte: «Wie heißt du denn?» – «Pepperl», flüsterte er. «Du hast recht, Pepperl», sagte ich, «und wenn du jetzt ein ganz tapferer Bub bist und dem Deifi ein Busserl gibst, dann darfst du mit ihm kommen und zuschauen, wie er im Theater die Hörner und den Schwanz und sein ganzes Fell auszieht!» Pepperl schaute sich zitternd nach den andern Kindern um. Es herrschte Totenstille. Dann trat das Bübchen ganz nah an mich heran, ich beugte mich ihm entgegen, er hob sich auf die Zehenspitzen und küßte den Deifi auf die Backe. Jubelgeschrei aller Kinder! Ich streckte dem Kleinen meine Fellhand hin und sagte: «Bravo! Und jetzt darfst du mit mir kommen!»

Er legte mit dem rührenden und seltsamen Vertrauen, das Kinder manchmal haben, seine kleine Menschenhand in meine teuflische und schritt an meiner Seite, ohne rechts oder links auf die tobenden Kinder zu schauen, mit mir ins Theater hinein und in meine Garderobe. Dort saß er, leicht zitternd, aber kein Auge von mir wendend, während ich mich auszog und abschminkte. Wir sprachen kein Wort. Dann verließen wir Hand in Hand das Theater, wieder vom Jubel der Kinder empfangen und von Pepperls Mutter, einer braven Salzburger Waschfrau, die sich bedankte, daß ich so lieb zu ihrem Pepperl gewesen sei.

Als ich zur nächsten Aufführung ins Theater ging, um mich wieder in den Teufelsdreß zu werfen, stand sie bereits mit Pepperl an der Hand im Bühneneingang: «Der Bub hat koa

Rua net geb'n. Er hat g'sagt: Mutterl, laß alls steh'n und liegen. I *muaß* zum Deifi!» Ich verabredete mit ihr, daß sie nach Schluß der Vorstellung ihren Pepperl wieder abholen solle, denn ich hatte einen Plan.

Ich nahm meinen Pepperl wieder in meine Garderobe mit. Diesmal sah er dem umgekehrten Vorgange zu, nämlich der Verwandlung des Menschen in den Deifi. Dann sagte ich: «So, Pepperl, von heute an gehören wir zwei zusammen, solang wir auf dem Domplatz Theater spielen, und du darfst immer dabei sein. Ich brauche nämlich jemanden, der mir den langen Schwanz nachträgt!» Ich übte mit ihm in der Garderobe, wie er, den Schwanz am äußersten Ende in seinen kleinen Händen haltend, in gemessenem Abstand hinter mir hergehen sollte, so daß der Schweif den Boden nicht berührte. Er war weiß vor Aufregung. Kein Page der größten Majestät konnte die Schleppe feierlicher tragen als nun mein Pepperl den Teufelsschwanz. So verließen wir das Theater, angesichts der außer sich geratenden Kinderschar. Ich nahm Pepperl mit in das Auto, setzte ihn auf meinen Schoß, und er schrie aufgeregt bei der Fahrt aus dem Fenster: «Leuteln geht's beiseit – geht's beiseit – sonst holt euch der Deifi!» Während ich zu spielen hatte, wartete er geduldig auf einem Platz des Zuschauerpodests, und kaum war ich von meinem Auftritt zurückgekehrt, ergriff er meinen Schwanz und waltete mit Würde seines Amtes. – Trotz dieses teuflischen Vertrauensbeweises meinerseits blieb das Kerlchen aber in der Garderobe stumm wie ein Fisch. Er war nichts als zwei Augen.

Endlich, bei der letzten Vorstellung, öffnete er den Mund und sagte: «Gell, Sö, mir zwa, mir machen nimmer in d'Hosen. I net. Und Sö a net!» Ich bestätigte ihm die Richtigkeit seiner Erkenntnis. Da stand er von seinem Stühlchen, auf dem er gewohnheitsmäßig saß, während ich mich umzog, auf, kam ganz dicht an mich heran und sagte mit funkelnden Äuglein: «Sö! Aber mein Vatter – der – wann er sich abends ausziacht, dann hat er hint' in der Unterhosen immer an braunen Flecken!» Als ich nach diesem Bekenntnis mit meinem kleinen Teufelsschwanzträger das Theater verließ, trat ein baumlanger, schwerer Mann auf mich zu, streckte mir seine Hand entgegen und sagte: «I bin der Vatter vom kleinen Pepperl. I wollt' Ihn' recht herzlich danken, daß Sie so lieb zu meinem Buben waren!» Wir schüttelten uns die Hände, und ich dachte an das, was mir Pepperl gerade eröffnet hatte ... «Der Bub», sagte der Vater, «ist ganz narrisch mit Eahna! Er hat Ihr Bild als Deifi über seinem Bett aufgehängt!» «Jo», sagte Pepperl, «und da bleibt's immer hängen!»

Ich hoffe, er ist kein Teufelsanbeter geblieben, mein kleiner Pepperl!

Nein, ich lief nicht weg aus München, ich wurde gekündigt. Mir widerfuhr das Unglück, mich an einem Faschingsfest, in sehr vorgeschrittener Stimmung, im Hause Falckenberg in dessen Tochter zu verlieben. Und das nahm Falckenberg, der selber sonst alles andere als prüde war, dem jungen Anfänger so übel, daß es zu einer Szene kam, die nur dadurch beendet wurde, daß mein Freund Horwitz mich, der viel zu viel getrunken hatte, zur Vermeidung schlimmeren Unheils mit rauher Freundeshand vor die Tür des Gastgebers setzte. Als ich erfuhr, daß die Folge dieser Kinderei der Verlust des Münchner Engagements war, schien mir das Maß meines Unglücks wieder einmal übervoll. Aber wiederum war alles zu meinem Besten.

Ich fuhr nach Berlin, um dort ein neues Engagement zu suchen, überzeugt, nie wieder eine so glückliche Atmosphäre wie die münchnerische zu finden. In Berlin lernte ich Heinrich Fischer, den ehemaligen Münchner Dramaturgen und intimsten Freund von Karl Kraus, kennen. Fischer war es, der mich darauf aufmerksam machte, daß der Regisseur und Dichter Berthold Viertel, der für zwei Jahre an das Düsseldorfer Schauspielhaus abgeschlossen hatte, in Berlin weile und noch Schauspieler suche.

Wer und was war dieser Berthold Viertel alles?!

In der Jugend ein brennender Verehrer Peter Altenbergs und, wie dieser, sein Leben lang ein groß, rückhaltlos und kindlich Liebender, der sein Herz nicht besonnen und geizig in kleiner Münze, sondern nur in Verschwendung und bedingungsloser Hingabe verausgaben konnte.

Er war ein lebendiger Zeuge aus der Jugendzeit des Karl Kraus, zu dessen nächsten Freunden er gehörte und dessen Sprache in der seinigen ein unverkennbares Echo geweckt hat. Viertels erste Gedichte erschienen in frühen Heften der «Fackel», und Viertel selbst hat eine leidenschaftlich bewegte Schrift über Kraus veröffentlicht. – Viertel war ein Schriftsteller, der in Vers und Prosa oft bis ins Dichterische vorstieß, der aber, von wenig Vollendetem abgesehen, immer wieder jäh und fragmentarisch abbrach. So gibt es eine Fülle ergreifender autobiographischer Prosastücke von ihm: immer von neuem unternommene Versuche, die Wirrnis des eigenen Lebens vom Ausgangspunkt, von der Wiener Kindheit her, zu erhellen, zu enträtseln und so sich selbst zu begreifen.

Dieser Berthold Viertel nun wohnte damals im Hause der später so tragisch endenden Familie von Mendelssohn. Und in dieses Haus bestellte er mich nach meinem Telefonanruf zum Vorsprechen. Ich erinnere mich noch, wie ich vor dem großen Eingangsgitter stand, wie ein livrierter Portier mir öffnete und ich auf ein kleines Haus zuschritt, vom Portier aber belehrt wurde: «Nein, nein, da wohne ich.» Dann führte er mich durch den Park in die Mendelssohnsche Villa. Ich traute meinen Augen nicht, als ich in einem Raum wartete, in dem die herrlichsten Rembrandt-Originale die Wände schmückten. Bald erschien, in einen Morgenrock gehüllt, der stämmige, untersetzte Viertel mit seinem unvergeßlich imposanten Kopf. [Ein Friseur, der ihm die graue Mähne wusch, begann einmal während seiner Tätigkeit zu lachen. Viertel fragte ihn mißtrauisch: «Was lachen Sie denn?», und der Friseur entgegnete verlegen: «Sie sehen jemandem so ähnlich.» Viertel fragte barsch: «Wem?» Da stotterte der Friseur: «Beethoven.» Worauf Viertel entgegnete: «Und das finden Sie komisch?»]

Ich sprach ihm meine «Glanz-Stücke» vor. Er wollte immer noch mehr hören, wurde immer finsterer, immer interessierter und sagte schließlich den für mich ungeheuren Satz: «Sie nehm ich mit nach Düsseldorf. Mit Ihnen mach ich das

‹Grabmal des unbekannten Soldaten›.» Ich erstarrte vor Glück und vor Schrecken, denn eine derartig protagonistische Rolle hatte ich denn doch noch nicht gespielt. Ich sagte Viertel, ich wisse nicht, ob ich dieser Rolle gewachsen sei. Aber er meinte: «Lassen Sie das meine Sorge sein.» Und so kam es zu dem zweijährigen Abschluß mit dem berühmten Theater der Luise Dumont und des Gustav Lindemann, die Viertel zunächst mit größten Hoffnungen empfingen, aber bald einsehen mußten, daß ihre mehr feierliche und hyperästhetische Art mit der vulkanischen Natur Viertels nicht zu vereinen war.

Auch hier in diesem rheinischen Zentrum war wie in so vielen deutschen Provinztheatern ein großer und echter Kulturwille tätig. Aber eben: es war ein bis aufs äußerste angespannter Wille. Welch ein Gegensatz zu dem selbstverständlichen, naturhaften künstlerischen Leben Münchens! Luise Dumont und ihr Mann haben das große unleugbare Verdienst, die Dramatik der Ibsen-Zeit und der Neoromantik für Westdeutschland in vorbildlicher Weise durchgesetzt zu haben. Aber in den höheren Sphären der Kunst verwirrten und verirrten sich ihre Begriffe. Sie lebten in einem seltsamen Weltanschauungs-Nebel, in welchem vom Vegetariertum bis zur Anthroposophie, vom rauschhaftesten Vitalismus bis zur strengsten Askese, von Dionysos über Christus bis zu Karl Marx alles, aber auch alles nebeneinander Platz hatte. Und wenn dieser Eklektizismus nur eine persönliche Liebhaberei der beiden Theaterleiter geblieben wäre! Aber sie erstrebten – gewiß mit Recht – ein Ensemble-Theater. Doch statt dieses nun aus der natürlichen Vielfalt starker Persönlichkeiten natürlich aufwachsen zu lassen, wollten sie mit untauglichen Mitteln ein Weltanschauungsensemble forcieren. Das Ergebnis war, daß fast alle wirklichen Persönlichkeiten nach kurzer Zeit das Weite suchten und als bleibendes Ensemble, von wenigen Ausnahmen abgesehen, nur passives Mittelmaß sich der pseudogeistigen und wirren Diktatur der Leitung unterwarf. Ein Beispiel für die seltsame Unnatur der dortigen Atmosphäre ist die Tatsache, daß es da verboten war, bei Stückschluß zum Applaus den Vorhang zu ziehen – und das sowohl in der Tragödie wie in der Komödie. So entstand eine ganz falsche, verkrampfte Feierlichkeit. Wenn ein normalerweise applaudierendes Publikum einmal von einer Aufführung so ergriffen ist, daß es schweigend aus dem Theater geht, so ist das ein besonderes, seltenes und eindrucksvolles Ereignis. Wenn dieses Schweigen aber offiziell angeordnet ist, so ist es völlig entwertet, ganz abgesehen davon, daß die Komödie geradezu, wie es viele Schlüsse von Shakespeare-Lustspielen beweisen, nach Beifall ruft. Es steht hinter solch feierlicher Überspanntheit, zu deren weiterer Kennzeichnung noch zu berichten wäre, daß zum Beispiel beim persönlichen Auftreten des Direktoren-Paares in ihren Garderoben Weihrauch verbrannt wurde – das ganze Theater roch dann darnach – es steht hinter solchen Überspanntheiten das auch heute vielerorts noch herrschende tiefe Mißverständnis, das Theater sei eine Kirche. Und es ist gerade heute wieder dringend notwendig, mit aller Entschiedenheit zu betonen, daß das Theater, wiewohl es seinen Ursprung im Mysterienspiel hat, seit Jahrhunderten andere Wege gegangen ist und daß es die Kirche wesentlich nicht ersetzen kann und will. Wohl vermag das Theater religiöse Erschütterungen auszulösen, aber nur eine geistig verschwommene Epoche kann dem Irrtum erliegen, aus dem Theater ein religiöses Surrogat machen zu wollen.

Viertel nun war ein rein dichterischer Regisseur. Er besaß ein heute sehr selten gewordenes Sensorium für das dichterische Wort. Dafür zeugen auch seine Übersetzungen und Bearbeitungen, von Euripides «Die Bacchantinnen» bis zu Williams «Glasmenagerie». Er war kühn und entdeckungsfreudig, wenn es um junge Talente ging. In Viertels erster

Wiener Inszenierung hat Fritz Kortner seine erste stücktragende Rolle gespielt. In der von Viertel selbst in der Inflationszeit geleiteten «Truppe» im Berliner Lustspielhaus waren neben Kortner, Forster und Sybille Binder die damals noch so gut wie unbekannten Schauspieler Friedrich Domin, Lothar Müthel, Leonhard Steckel und Aribert Wäscher engagiert, die er alle mit großen und größten Aufgaben betraute.

Viertels künstlerischer Wagemut war einzigartig, einzigartig seine zärtlich besorgte Neugier und Fürsorge für den Nachwuchs, seine Ungenügsamkeit, seine fast bis ins Alter vitale Jugendlichkeit, sein funkelnder Witz. Wie liebevoll konnte er, dem der Witz nie Selbstzweck war, spotten, ohne zu verletzen!

Das habe ich als Dreiundzwanzigjähriger in unvergeßlicher Weise erlebt. Im zweiten Akt des «Grabmals» gibt es eine Szene, die am Morgen nach einer Liebesnacht spielt. Die junge Frau schläft noch. Der Soldat aber sitzt auf der entgegengesetzten Seite des Zimmers vor dem Kamin in schweren Gedanken an den unweigerlich vor ihm liegenden Tod. Nach einer Pause erwacht die junge Frau und ruft den Soldaten zu sich. Dieser hilft ihr zärtlich in den Morgenrock und geleitet sie über die Bühne vor den Kamin.

Ich war, besonders in Liebesszenen, auf der ersten Probe immer sehr scheu, und es brauchte meistens liebevolle Geduld meiner Regisseure, um abzuwarten, bis ich auftaute.

Ich führte meine Partnerin Ehmi Bessel über die Bühne. Viertel unterbrach und sagte: «Machen wir das Ganze nochmal.» Ich wiederholte die Prozedur. Viertel sagte: «Ich wär dafür, es nochmal zu versuchen.» Nachdem ich den Weg mit steigender Verlegenheit dreimal mit meiner Partnerin zurückgelegt hatte, konnte sich Viertel nicht mehr beherrschen: «Also das ist ein Möbeltransport und keine Liebesszene, was Sie da machen.» Ich war tief entmutigt und sofort bereit, die ganze Rolle als meine Kräfte überfordernd abzugeben. Aber das akzeptierte Viertel nun wieder nicht, er sagte: «Aufgeben können wir es immer noch drei Tage vor der Première. *Ich* gebe bestimmt nicht auf, dazu sind Sie viel zu begabt.» Und wirklich, er brachte es zuwege, daß ich, der nie im Krieg gewesen war und darum gerade von dem Ernst dieser Rolle tiefste Hemmungen hatte, zu einem Erfolg kam, der meinen Namen mit einem Mal in ganz Westdeutschland bekanntmachte.

Wir gingen mit dem Stück auf zahlreiche Gastspiele, bis nach Holland. Bei der Rückkehr aus Amsterdam zeigte mir der unsäglich zerstreute Viertel mit komischer Verlegenheit den Amsterdamer Hotelschlüssel. Es war ihm gelungen, dieses Monstrum in seiner Hosentasche versehentlich mit sich zu nehmen, obwohl ein dickes Eisengewicht daran hing. Er war auch imstande, als er mit mir den Mortimer inszenierte, mir die ganze Rom-Erzählung vorzusprechen, während er ein daumengroßes Po-Ho [einen Inhalier-Apparat] in seinem einen Nasenloch zur Schau trug ...

Er hat in meiner ganzen Düsseldorfer Zeit wie ein väterlicher Freund über meine Entwicklung gewacht. Er hat meinem Vater gesagt, als dieser einmal nach Düsseldorf zu Besuch kam: «Machen Sie sich um den Jungen keine Sorgen! Der wird was! Und ich vertrete Vaterstatt an ihm.» Er hat es wahrhaftig getan. Er hat sogar auf die wichtigste Entscheidung meines Lebens miteingewirkt: auf meine Eheschließung.

Ich war damals schon lange mit Ruth Greiner, der Tochter des Lyrikers Leo Greiner [des Mitbegründers der Münchner Elf Scharfrichter], herzlich befreundet. Wir waren täglich zusammen, und jedermann glaubte, wir gehörten in jeder Hinsicht zueinander. Das aber war nicht der Fall, obwohl die damals Zweiundzwanzigjährige bereits wie eine Löwin für mich kämpfte, sei es in künstlerischer Hinsicht oder auch

– oh Scham! – wenn ich statt des Glases die Cognac-Flasche nahm und sie mit ungutem Ergebnis leerte. Wenn in diesem Zustande andere Trösterinnen sich an mich heranmachen wollten, stand sie als Hüterin vor der Tür des Zimmers, in dem ich mehr oder weniger zusammengebrochen auf dem Sofa lag. – Viertel, der Sensible, spürte offenbar, daß wir zwei zwar zusammengehörten, aber beide eine große zurückhaltende Scheu voreinander hatten.

Es war um die Weihnachtszeit. Man spielte ein altes Weihnachtsspiel in der Fassung von Otto Falckenberg. Meine Ruth spielte den Erzengel Gabriel, ich den Mohrenkönig. Ich stand im Dunkel hinter der Bühne, neben Viertel, als Ruth nach ihrem Auftritt mit ihren Flügeln an uns vorbei in ihre Garderobe ging. Plötzlich bekam ich einen schmerzhaften, harten Rippenstoß von Viertel, und er zischte: «Gins» – [der Name Gins ist übrigens auch seine Erfindung] – «Gins, sind Sie blind? das ist ein *wirklicher* Engel» ... Ich will nicht sagen, daß mir *nur* dadurch die Augen aufgegangen sind, aber es hat mich doch sozusagen ein paar entscheidende Schritte der Ehe nähergebracht.

Viertel ging bereits nach einem Vertragsjahr aus Düsseldorf fort. Ich nach dem zweiten. Ich habe es ihm zu verdanken, daß ich schon mit vierundzwanzig Jahren nach Berlin kam. Leider ging er dann bald nach Amerika, so daß sich keine Gelegenheit mehr bot, die künstlerische Zusammenarbeit fortzusetzen, die für mich so unendlich fruchtbar gewesen war. Ich traf ihn erst viele Jahre später wieder, nach dem ganzen Spuk der Hitler-Zeit und der Emigration.

Viertel hat politisch manche Wandlungen durchgemacht; immer aber ist er kompromißlos seiner Überzeugung gefolgt, die ihn am Schluß in die mißliche, aber seiner Wahrhaftigkeit genau entsprechende Situation zwischen sämtlichen Stühlen geführt hat.

Schwerer als viele andere trug er, dem die deutsche Sprache eine Herzens- und Geistessache war, an den langen Jahren der Emigration in Amerika. Dann aber wurde ihm das große Geschenk seines Alters zuteil: der Heimgekehrte fand am Wiener Burgtheater noch einmal späten Ruhm als Regisseur, der mit Käthe Gold, Therese Giehse, Ewald Balser, Oscar Homolka, dem Maler Teo Otto und vielen anderen in fruchtbarster künstlerischer Gemeinschaft seine letzte und höchste Blüte erleben durfte.

Wer von diesem seltenen, durchaus originalen Mann je angerührt worden ist, wird von dem Reichtum dieses bis zum Ende stürmischen Lebens als kostbarste Erinnerung und als reinsten, sorgsam zu hütenden und weiterzutragenden Wert jene Liebe bewahren, die jede Tätigkeit Viertels durchdrang und adelte: die Liebe zur Jugend, überhaupt zu allem Werdenden, das Vertrauen in die geistige Kraft des Menschen, sich aus allen Höllenstürzen immer wieder zu erheben, und die zärtlich verehrende Liebe zum Leben in seiner ganzen Unergründlichkeit. Es ist versöhnlich, daß dies Leben, vor dessen Ende ihm seit je so bange war, ihn sanft aus seinem Bann entlassen hat.

Als die Freunde ihn das letzte Mal, kurz vor den Sommerferien, in München sahen, war der erst Achtundsechzigjährige sichtlich vom Tod gezeichnet. Mit der ihm eigenen Unermüdlichkeit und Menschenbegier hatte er, kaum von Wien angekommen, sofort in ein Lokal zu gehen verlangt, wo er «alle seine Schauspieler» treffen könne. Er grollte, wenn einer von ihnen sich nicht sofort für ein Zusammentreffen mit ihm freimachen konnte, Realitäten hatten vor der Freundschaft zurückzutreten. So lebte er selbst. Und das verlangte er, der treueste Freund, von jedem andern.

Um diesen väterlichen Mann, der nicht zufällig jüngere Freunde so oft mit «mein Kind» ansprach, trauerten nah und fern viele der Besten. Und viele mochten Ursache haben, mit den Worten des Matthias Claudius, dem eines von Berthold Viertels schönsten Gedichten gilt, in Dankbarkeit seiner zu gedenken:

«... ach, sie haben
Einen guten Mann begraben.
Und mir war er mehr.»

Wenn ich an meine Berliner Jahre zurückdenke und meine Erlebnisse und Erfahrungen mit dem vergleiche, was heute über die ‹goldenen› zwanziger Jahre geschrieben und gesagt wird, so fühle ich mich zu lebhaftem Widerspruch provoziert.

Zunächst einmal scheint es mir unmöglich, einen Zeitabschnitt lediglich vom Theater aus zu bewerten. In diesem Sinne ist doch vor allen Dingen festzustellen, daß jene ‹goldenen› Jahre der Arbeitslosigkeit und der blutigen Straßenschlachten die systematische und sich in grauenhafter Konsequenz vollziehende Vorbereitung auf den Nationalsozialismus bedeuteten. Die Torheit von uns Theatermenschen, zu glauben, man könne von der Bühne aus eine Massenbewegung wie die nationalsozialistische «bekämpfen», hat sich in ihrer ganzen Naivität offenbart. Die Nazis besaßen keine Bühne, aber ihnen gehörten die Bierhäuser und die Straßen. Und noch so stürmische allabendliche politische Szenenapplause von 1000 oder 2000 Besuchern vermochten nichts, aber auch gar nichts gegen den organisierten Mord. Ich möchte nicht mißverstanden werden: natürlich hat das Theater im Kampf der Meinungen seine Aufgabe zu erfüllen. Wogegen ich mich wende, ist lediglich die kindliche Überschätzung der politischen Wirkungsmöglichkeiten des Theaters, über deren Ausmaß man sich durch eine enthusiastische Publikumsstimmung allzu gern täuschen läßt. Ich glaube weder, daß ein Mensch durch das Anschauen eines Theaterstückes von Brecht je zum Kommunisten geworden ist, noch durch ein Werk von Claudel zum Katholiken. Und gerade in Hinsicht auf die unmittelbare reale politische Auswirkung eines Theaterabends gab man sich in den zwanziger Jahren bloßen Illusionen hin. Ich selbst, der ich sehr viel in politisch kämpferischen Stücken gespielt habe, war im Erlebnis der nie ausbleibenden demonstrativen Applause genau so verblendet wie alle andern.

Waren nun die zwanziger Jahre wenigstens im Hinblick auf die Welt des Theaters wirklich goldene Jahre? Ganz gewiß, was den wahrhaft goldenen Überfluß an großen und größten Schauspielern in Berlin, München und sogar an einigen der ersten deutschen Provinztheater betrifft. Goldene Jahre auch in Hinsicht auf die reiche Ernte an nicht nur brauchbaren, sondern zum Teil auch dichterischen Theaterstücken. Was man aber, besonders auf dem klassischen Gebiet, mit diesen großartigen Schauspielern in Berlin trieb, in welcher oft grotesken Weise große klassische Dichtung in das Prokrustesbett banalisierender Aktualität gespannt wurde, das gehört mit zum vollständigen Bild dieser «goldenen» Zeit! Ob der König im «Hamlet» bei einer berühmten Staatstheateraufführung durch einen verkürzten Arm als Kaiser Wilhelm assoziiert werden sollte, oder ob Piscators Räuber Karl Moor zum feigen Kompromißler und Spiegelberg zum eigentlichen Helden des Werkes umgedeutet wurde – es entsprang alles dem gleichen Mißverständnis. Die «aktuelle» Kraft der Klassiker, das haben wir in Zürich erlebt, schlägt dann am meisten Funken, wenn man sie unvergewaltigt zur Wirkung kommen läßt.

Eines der absurdesten Beispiele für das, was ich meine, erlebte ich selber in einer Aufführung des Shakespeareschen «Macbeth» mit dem großen Heinrich George in der Titelrolle und Agnes Straub in der Rolle der Lady. Der Regisseur – der Name sei schamhaft verschwiegen – stellte zunächst fest: heute glaubt kein Mensch mehr an Hexen! Das Resultat: die Hexen müssen gestrichen werden! Nun sind sie aber dramaturgisch unglücklicherweise ganz unentbehrlich. Was tun? Man schrieb mit schönem Selbstbewußtsein eine völlig neue Szene in Shakespeares Stück hinein, eine Szene, bei der

Macbeth und alle Beteiligten an einem großen Tisch pokulierten. Auf dem Höhepunkt der Stimmung hatte eine der Figuren – ich weiß nicht mehr welche – über den Tisch zu rufen: «In dieser Gegend soll es Hexen geben.» Donnerndes Hohngelächter der ganzen Tafelrunde: «Es gibt doch keine Hexen, es gibt doch keine Hexen!» «Doch», verteidigte sich der Ausgelachte, «es gibt Hexen, und die singen so ...», und jetzt kam Shakespeare wieder zu Wort. Macbeth wurde auf diese völlig sinnlose Weise mit dem für ihn so schicksalhaften Text konfrontiert.

Eine ebenso originelle Idee war es, im Hinblick auf die Tatsache, daß dieses Stück in Schottland spielt, dem bekanntlich ziemlich umfangreichen Heinrich George ein Schottenröckchen anzuziehen. [Ein Berliner Kritiker stellte damals fest, er habe auf seinem Throne gesessen «wie das zullende Berliner Kindl».] Aber das war noch nicht alles: da man doch unbedingt den Regisseur am Werke sehen muß, war man der Meinung, die berühmte Nachtwandelszene der Lady Macbeth sei von Shakespeare noch nicht genug in den Bereich des Schaurigen gehoben und es müsse für diese bekanntlich sehr unwirksame Szene endlich einmal etwas geschehen. Also war Lady Macbeth in dieser Aufführung nicht nur eine Nachtwandlerin, sondern auch noch mondsüchtig, das heißt, sie erschien nicht nur auf dem offenbar zu banalen Bühnenboden, sondern hoch oben auf dem Schwindel erregenden Dachfirst von Macbeths Schloß, während der Arzt und die anderen sie Beobachtenden angsterfüllt aus dem Hof in die Höhe starrten. Die ganze Spannung der Szene verschob sich zu der ängstlichen Fragestellung: Fällt sie runter oder nicht?! Diese Frage war um so mehr berechtigt, als Agnes Straub hochgradig kurzsichtig war und mit Rücksicht darauf für diese Szene angeseilt werden mußte, was keinem Zuschauer verborgen bleiben konnte ... Zu solchen grotesken Kindereien gaben sich in

den goldenen zwanziger Jahren große Schauspieler her, in denen die Angst, für unmodern zu gelten, größer war als das künstlerische Gewissen.
Daß ein Mann wie George zu den größten deutschen Schauspielern gehörte, bleibt gleichwohl unbezweifelbar. Und wenn nichts anderes von ihm auf die Nachwelt käme, als der Filmstreifen mit seiner genialen Interpretation der Zola-Rede in der «Affäre Dreyfus». Diese Rede, die ich als Mathieu Dreyfus wochenlang allabendlich aus der Kulisse mit anzuhören das Glück hatte, war von einer so erschütternden Geistigkeit, von einer so ergreifenden praktischen Unbeholfenheit eines geistigen Menschen, daß niemand, der George je darin gesehen und gehört hat, den Eindruck vergessen kann. Es ist ja übrigens ein Phänomen unseres reproduktiven Berufes, daß an sich durchaus ungeistige Schauspieler Geist, Charakterlumpen, Helden und Weise und ganz harmlose Gesellen verruchteste Verbrecher und Mörder darstellen können. Die Identifizierung eines großen Schauspielers mit dem, was er auf der Bühne verkörpert, gehört zu den nicht auszurottenden Lieblingsirrtümern des Publikums.
Derselbe George, der bekanntlich ein großer Trinker war und sein gerütteltes Maß Anteil an der besonders für junge Schauspieler verheerenden «Geniesauferei» hatte, an der manche schwächere Natur zugrunde ging, spielte unter anderem auch einen sehr interessanten Fedja im «Lebenden Leichnam», der wahrscheinlich richtiger war als der weltberühmte Alexander Moissi in dieser Rolle. Denn wenn Moissis Fedja von der bürgerlichen Gesellschaft zu den Zigeunern gewissermaßen aus Schwäche hinabsank, brach der urkräftige George aus Überschuß an Vitalität aus der bürgerlichen Gesellschaft in die Freiheit aus. Mir schien das damals Tolstoi viel besser zu entsprechen als eine dekadente Version der Rolle. Übrigens ereignete sich bei diesem

Georgeschen Fedja mehrfach das Folgende: George hatte sich für seine Sterbeszene am Schluß des Stückes ein russisches Lied beschafft – ich weiß noch, es begann mit den Worten «Endlos der Weg, niemals am Ziel ...». An glücklichen Abenden starb er mit diesen Anfangszeilen. Hatte er aber zu viel getrunken, was gegen Ende des Stückes meistens der Fall war, konnte er sich von dem melancholischen Wohllaut dieses Liedes und seiner Stimme um nichts in der Welt trennen. Er begann immer wieder von vorne, brach zusammen, richtete sich wieder auf und sang unter dem verzweifelten leisen Drängen der Kollegen «Sterben! Sterben!» weiter, bis der Vorhang notgedrungen über einem vorschriftswidrig noch singenden Fedja fallen mußte.

Ich wollte versuchen, am Beispiel dieses ebenso unberechenbaren wie genialen Mannes ein Bild dessen zu geben, was alles nebeneinander in jenen Jahren in ein und derselben Person Raum hatte. In dieses Bild paßt durchaus, daß George sich vor Hitler demonstrativ auf die kommunistische Seite geschlagen hatte und bald nach der Machtergreifung durch die Nazis in deren Lager überschwenkte. Große Schauspieler sind leider nur selten große Charaktere.

Daß der größte deutsche Schauspieler, Werner Krauß, sich mit den Nazis so gut vertrug, war für den, der ihn kannte, viel weniger überraschend als bei George, denn Krauß huldigte lange vor der Hitlerei jener sturen Art von Antisemitismus, die sogenannte «Ausnahmen» gelten ließ. In solchen Fällen glaubte Krauß einen Menschen freundschaftlich zu ehren, wenn er pathetisch erklärte: «Für mich bist du kein Jude.» Das Faktum von Krauß' vulgärem Antisemitismus war der Grund, warum der große, noble Albert Bassermann ihm den Ifflandring nicht hinterlassen zu können glaubte. «Ich soll den Ring», sagte er zu mir in Zürich im Konversationszimmer des Schauspielhauses, «dem größten deutschen Schauspieler und dem reinsten Charakter vermachen. Wer heute der größte deutsche Schauspieler ist, das ist keine Frage: Krauß! Aber charakterlich ist er doch ein Lump.» Und er sprach dies letzte Wort aus, als ob es mit drei P geschrieben würde. Für den, der Bassermanns Meinung kannte, war die später gegen seinen Willen doch erfolgte Ringverleihung eine Schande. Es war eine Haltung einfacher Würde, daß Leopold Lindtberg sich konsequent geweigert hat, mit Krauß im Burgtheater zu arbeiten, auch wenn Krauß nachträglich zu seiner Rechtfertigung die peinlichsten Drehs versuchte. Ich glaube, er hätte sich nicht einmal geschämt, seinem abscheulichen Shylock und seinen grauenhaften Judentypen im «Jud Süß» einen edlen «Nathan den Weisen» folgen zu lassen, um sich handkehrum den veränderten Verhältnissen anzupassen ...

Nun, Gottlob gab es eine große Anzahl deutscher Schauspieler, die sich besser und tapferer verhalten haben als Krauß und George.

Um Mißverständnisse zu vermeiden: ich gehörte nie zu jenen, die aus der Emigration als Racheengel zurückgekehrt sind. Ich war mir immer bewußt, daß wir, deren Schicksal anfangs verzweifelt schien, aufs Ganze gesehen in Wirklichkeit vom Schicksal Bevorzugte waren. Uns ist jede Charakterprobe erspart geblieben. Wir *mußten* emigrieren. Mit um so größerem Ernst ziehe ich vor all den bekannten und unbekannten Namen, die solche Charakterproben bestanden haben, den Hut, ganz besonders vor Männern wie Teo Otto, Heinrich Gretler und Leopold Biberti, denen das Dritte Reich goldene Brücken zur Rückkehr angeboten hat, die sie nicht betreten haben.

Aber ich habe mich aus den goldenen zwanziger Jahren bereits in die braunen tausend Jahre voraus reißen lassen. Gehen wir zu unserm Thema zurück und stellen wir fest, daß die schauspielerische Genialität von Werner Krauß über jeder Diskussion steht. Wer ihn als Cäsar nur hinter der

Bühne sein erstes «Calpurnia» rufen hörte oder den kleinen, o-beinigen Schuster Voigt stumm über die Bühne gehen sah, hat erlebt, was wahrhaftige Magie eines genialen Schauspielers vermag. Für Krauß war nichts unmöglich; er konnte groß, klein, dick und dünn sein, jung und alt, höchst geistig und brutal geistlos – wie er wollte. Er war im Besitz von unerklärlichen, geheimnisvollen Kräften. Er war wahrhaft dämonisch.

Ja: hier, in dem schier unerschöpflichen embarras de richesse an ungewöhnlichen Schauspielern besteht das Wort von den goldenen Jahren zu Recht. Was da allabendlich auf Berliner Bühnen zu sehen war, von der alten Höflich über die reife Dorsch bis zur jungen Mosheim, vom alten Klöpfer bis zum jungen Wieman und von Bassermann über George zu Homolka, Pallenberg, Kayssler, Forster, Krauß und Gründgens, von den alten Löwen bis zu der heranrükkenden neuen Generation Lingen, Lorre, Speelmanns, Stekkel, Gretler, de Kowa, was da an großartigen Chargenspielern zur Verfügung stand: Männer wie Wäscher, Bildt, Gülstorf, Florath, oder was an reizvollen und interessanten Frauen auf der Bühne funkelte: die Massary, die Bergner, die Bard, die Neher, die Lenja – dieser ganze hier ziemlich willkürlich und aufs Geratewohl gepflückte Strauß großer Namen war es, der das Wort von einer goldenen Theaterzeit entstehen lassen konnte. Denkt man zusätzlich an so unvergeßliche Erschütterungen, wie man sie etwa im «Othello» bei der mit zartester Lyrik gespielten Liebesbegegnung des jungen Paares Kortner—Johanna Hofer erlebte, oder – ein ganz anderes Bild – an einen Cabaretabend, an dem man die junge Marlene Dietrich, Margo Lion, «Lieschen» Bendow und die große alte Valetti sehen konnte [ach, ihr prophetisches Chanson auf die deutsche Republik: «Es sitzt bei uns nicht richtig!» tönt mir noch im Ohr], dann freilich weiß man, daß unsere Theaterwelt wohl, was die produktiven Schauspielerkräfte betrifft, aus den sieben fetten in die sieben mageren Jahre übergegangen ist.

Zu den schönsten Einrichtungen des damaligen Berliner Theaterlebens gehörten die Schauspieler-Nachtvorstellungen, ausschließlich veranstaltet, um diesem großen, allabendlich auf vielen Bühnen Berlins beschäftigten Reservoir Berliner Schauspieler die Möglichkeit zu geben, besondere Vorstellungen sehen zu können. Es gab kein kritischeres und zugleich begeisterungsfähigeres Publikum als diese Berliner Schauspielerschaft. Wenn man in einer solchen Vorstellung als Neuling auch nur in einer der kleinsten Rollen wirklich auffiel, war man am nächsten Morgen «gemacht». Jeder Schauspieler wußte: «Da ist der neue X, das ist ein begabter Junge.» Das war der Ritterschlag für Berlin. Ich durfte ihn mit 24 Jahren erleben. Und dann wurde man zu dem leidenschaftlichen Förderer und Berater junger Schauspieler, zu Paul Bildt, miteingeladen, oder auf einen der vielen jours fixes, bei deren einem ich noch die große Asta Nielsen und, kurz vor seinem Tode, den herrlichen Albert Steinrück kennenlernte. Ach, ich sehe den Stahlblauäugigen mit gerötetem Gesicht auf meine Frau zuschwanken, ihr die Hand küssen und mit erhobenem Zeigefinger sagen: «Nie trinken, mein schönes Kind!»
Wie schnell man damals bekannt wurde, lehrte mich folgendes skurriles Erlebnis. Als ich etwa ein Jahr in Berlin war, ging eines Tages mein Telephon. Es meldete sich eine Mädchenstimme: «Ernst, ich kann nicht mehr warten. Ich brauche das Geld!» Auf mein Nichtverstehen bezeichnete sie sich als Gretchen und begann bitterlich zu weinen. Ich erklärte ihr, daß es sich um eine Verwechslung handeln müsse, und hängte ärgerlich ein. Wenige Tage später rief mich eine Franziska an, wann ich ihr endlich ihr Geld zu-

rückgeben würde, und diesmal bat ich um ausführlichere Erklärungen. Ich erfuhr zu meiner Überraschung, daß ich offenbar mit verschiedenen Mädchen im berühmten «Romanischen Café» zärtliche Beziehungen angeknüpft hatte, legitimiert durch ausgeschnittene Zeitungsphotos meiner Rollen, und daß ich, in ständiger Geldverlegenheit, die Mädchen chronisch angepumpt hatte. Ich traf mich mit Franziska, Gretchen und noch zwei weiteren Opfern eines kleinen Hochstaplers, und sie stellten mit Bestürzung fest, daß jener andere Ernst Ginsberg mir nur sehr entfernt ähnlich gesehen habe, aber daß sie ihm die kühn als die seinen vorgezeigten Zeitungsphotos gläubig abgenommen hätten. Er sei nämlich sehr reizend ... Ich setzte eine Notiz in die «B. Z. am Mittag»: «Der Schauspieler Ernst Ginsberg warnt vor einem Hochstapler, der in Kreisen des ‹Romanischen Cafés› unter seinem Namen Unfug treibt.» Wie groß war mein Erstaunen, als ich drei Tage später in der «B. Z.» folgende Notiz las: «Der Schauspieler Moritz Ginsberg warnt vor einem Hochstapler, der unter dem Namen Ernst Ginsberg im Berliner Westen sein Wesen treibt.» War ich noch ich? – Während ich noch mit Freunden mein weiteres Vorgehen in dieser Kriminalstory beriet, rief mich ein Berliner Polizeiposten an, bei ihnen säße ein angeblicher Schauspieler Moritz Ginsburg, ob ich wohl einmal schnell hinüber kommen wollte. Ich ging natürlich sofort dorthin, um meinen Doppelgänger kennenzulernen. Aber da sagte der Berliner Schutzmann vom Dienst zu mir: «Ach wissen Se, Herr Ginsberg, der Kleene da im Kittchen, det is so'n armer Polnischer. Der hat so'ne Angst vor Ihn', det Se ihm ein paar in die Fresse haun. Ick würde an Ihrer Stelle jarnischt erst zu ihm jehn. Es is ja alles klar, und der Kleene muß nu sitzen. Det jenücht doch.» – Ich habe mich natürlich diesem zartfühlenden, typisch berlinerischen Rat gefügt.

Ach, mein Berlin, wie habe ich es geliebt! Wo in Deutschland gab es diese Sektluft, die einen nächtelang munter hielt! Freilich, die Versuchung zu trinken, entgegen dem liebevollen, aber natürlich ironischen Rat Steinrücks, war in Berlin übermäßig groß. Aber wir Jüngern gingen dann meistens zur Ernüchterung durch die nächtlichen Straßen zu Fuß nach Hause, von der ganz im Osten gelegenen Volksbühne die Linden hinunter, geradeaus weiter durch den ganzen Tiergarten bis nach Charlottenburg, wo meine Frau und ich wohnten.

In der Kantine der Volksbühne saß man nach der Vorstellung meist noch eine Weile beisammen. Ich erinnere mich an eine Zeit, wo jemand ein teuflisches Würfelspiel eingeführt hatte, bei dem der Verlierer jeweils der ganzen Tischrunde eine «Lage» zu zahlen hatte. Ging es noch um Bier, war die Sache nicht so schlimm. Aber der Fall, von dem ich jetzt berichten will, stand im Zeichen von Cognac.

Das Schlimme war, daß die Zeit bei diesem Spiel und diesem Trinken immer im Nu verging. So geschah es eines Nachts, daß wir beide, meine Frau und ich, plötzlich mit Schrecken feststellten, daß wir uns bereits vierundzwanzig Cognacs im Laufe der Würfelei einverleibt hatten. Wir nahmen unseren Kollegen Friedrich Gnaß, der noch mehr getrunken hatte als wir, weil er – ein ehemaliger Matrose – schon während der ganzen Vorstellung gezecht hatte, unter den Arm und trennten uns vom Spielteufel.

Es war morgens gegen vier Uhr. Wir wanderten Arm in Arm unsern gewohnten Weg die Linden entlang durch die Berliner Winternacht, wobei wir alles sangen, was uns überhaupt bekannt war, von «Dies Bildnis ist bezaubernd schön» bis «Auf in den Kampf Torero», von «Deutschland, Deutschland über alles» bis zur «Internationale». Plötzlich bemerkte ich, daß der Sopran meiner Frau nicht mehr hörbar war. Bei genauem Zusehen stellte ich fest, daß sie nicht mehr an meiner Seite war. Ich blickte zurück und sah sie in schon ziemlich großer Entfernung von uns an einer Laterne stehen und in die Luft reden. Ich bat Gnaß zu warten, eilte zu meiner damals dreiundzwanzigjährigen Ruth, die ich tränenüberströmt vorfand. Ich fragte sie, was um Gotteswillen geschehen sei. Sie antwortete schluchzend: «Ich muß an meinen Großvater denken, das war sooo ein lieber Mensch!» Mir wurde klar, daß es wohl diesmal besser wäre, die Wanderung abzubrechen. Ich hielt ein Taxi an, wir stiegen ein, luden den ungeduldig wartenden Gnaß ein und fragten ihn, wo er wohne, um ihn als den schwerst Angeschlagenen zuerst heimzubringen. Unglücklicherweise hatte er sich in den Minuten dieses Alleinseins der Menschenfeindschaft ergeben. Er wollte nicht mehr reden. Auf inständiges Bitten brummte er verschiedene völlig unverständliche Straßennamen. Ich ließ alle Verführungskünste spielen, um ihm seine Adresse zu entlocken. Nach unsäglichen Mühen kristallisierte sich ein Straßennamen und eine Hausnummer aus dem Wust seiner Angaben. Ich wiederholte die Adresse und fragte: «Friedrich, sollen wir dich jetzt dorthin fahren?» «Ja, zum Teufel!» knurrte er böse. Und so fuhren wir dorthin. Es war weit, weit im Südwesten der Stadt. Endlich hielt das Auto. Ruth, die sich mittlerweile ernüchtert hatte, und ich hoben Gnaß aus dem Wagen und gingen mit ihm auf seine Haustür zu. Er lallte: «Der Apotheker hat noch Licht», was uns in der erleichternden Annahme bestärkte, wirklich richtig gelandet zu sein, denn neben der sichtbaren Apotheke war wirklich ein Fensterchen erleuchtet. Mit vieler Mühe gelang es uns, Gnaß über das glatte Eis bis zur Haustür zu befördern. Hier baten wir ihn um seinen Hausschlüssel. Da schrie er unvermittelt auf: «Den habe ich doch nie gehabt! hier habe ich die ersten sechs Jahre meines Lebens verbracht ...», brach in bitterliche Tränen aus, riß sich von uns los und setzte in großen Sprüngen, wie ein Riesenvogel, halb schlitternd, halb hüpfend davon. Er verschwand in der Morgendämmerung unseren Blicken, und wir haben ihn erst etliche Tage später wieder gesehen; denn wir selbst sorgten nun egoistisch nur noch dafür, nach diesem mißglückten Samariterdienst so schnell wie möglich in die Federn zu kommen.

Zahlreich waren in den damaligen Jahren die verschiedenartigsten Wohltätigkeitsveranstaltungen, bei denen die besten Namen mitwirkten, übrigens nicht nur Namen aus dem Bereich des Theaters. So erinnere ich mich, an einer Veranstaltung zugunsten des «Heimes für gefallene Mädchen» der Komikerin Hedwig Wangel mitgewirkt zu haben, bei der sich auch der große alte Albert Einstein für einige Worte auf der Bühne zur Verfügung gestellt hatte. Es war eine ergreifende Begegnung, unvergeßlich darum, weil dieser Mann das lebendigste Beispiel für die Bescheidenheit wahrer Größe bot. Ich habe in meinem ganzen späteren Leben immer wieder dieselbe Erfahrung gemacht, daß wirklich große Persönlichkeiten des öffentlichen Lebens, sei es der Kunst, sei es der Wissenschaft, Mittel der Arroganz, der Brutalität oder einer Pseudo-Interessantheit verschmähen. Wahre Größe hat keine Pose nötig.
Bei dieser selben Veranstaltung wirkte übrigens auch Elisabeth Bergner mit, mit der ich bald darauf auf eine herrliche Tournée gehen sollte, die von Kopenhagen bis Budapest führte. Der Bergnersche Witz ist berühmt und, wenn er sich auf der Bühne entlädt, bei ihren Kollegen gefürchtet. Ich jedenfalls habe einmal eine Szene mit ihr vorzeitig beenden müssen, weil ich außerstande war, auch nur ein einziges Wort herauszubringen. Das war in Karlsbad – dem Bad der Leber- und Gallenleidenden. Wir spielten «Amphitryon» von Giraudoux. Sie gab ihre brillante Alkmene,

ich den Merkur. An diesem Abend in Karlsbad gingen alle Pointen ins Leere. Niemand lachte, nicht einmal an Stellen, an denen wir sonst mit Regelmäßigkeit Szenenapplaus gewohnt waren. Da pirschte sich die Bergner an mich heran und flüsterte mir zu: «Gallensteins Lager.» Dann allerdings fiel sie mir um den Hals, was nicht zur Szene gehörte, und wimmerte: «Red du! Ich kann nicht!» – Ich konnte ihren Wunsch nicht erfüllen.

In diesen Karlsbader Tagen war ich auch wieder dem genialsten aller Komiker, Max Pallenberg, begegnet, mit dem ich kurz zuvor meine aufregendste Berliner Theaterzeit erlebt hatte. Bevor ich von diesem Erlebnis berichte, möchte ich noch erzählen, daß wir damals – Pallenberg, seine Frau Fritzi Massary und ich – eines Vormittags auf der Karlsbader Kurpromenade spazieren gingen, als Pallenberg unvermittelt ausrief: «Sieh mal, Fritzi, da vorne die Frau mit dem hübschen gellen Mäntelchen!» Fritzi reagierte nicht und sprach weiter über andere Dinge. Aber Pallenberg insistierte weiter: «Das ist das hübscheste gelle Mäntelchen, das ich je gesehen habe.» Schließlich wurde Fritzi nervös: «Was sagst du immer gell? Das heißt doch gelb!» Darauf Pallenberg scharf und böse: «B brauch *ich* für Blau!»

Daß ich in Berlin zum Partner des Wiener Gastes Pallenberg in einer wichtigen Première geworden war, hatte eine durchaus unrühmliche Vorgeschichte: Pallenberg, der letzte große Hanswurst der deutschen Bühne, war ein Star, der, wie manche Stars jener Jahre, nicht gerne starke Schauspieler neben sich auf der Bühne sah. Er sollte an der Berliner Volksbühne Karl Heinz Martins die für ihn geschriebene Hauptrolle in Alfred Polgars Komödie «Defraudanten» spielen. In diesem sehr reizvollen Stück ist der Hauptfigur eine stille komische Mitläufergestalt zur Seite gegeben. Martin schlug für diese Rolle Heinz Rühmann vor. Pallenberg lehnte ab: «Ist mir zu prominent.» Martin schlug Paul Kemp vor.

Pallenberg: «Den kennt man ja auch schon.» Nach längerem Hin und Her erklärte Martin: «Ja, dann wäre da nur noch dieser junge Ginsberg in meinem Ensemble.» Pallenberg: «Von dem habe ich noch nie gehört. Der wird der Richtige sein.» So also kam ich zur Rolle des «Vitek».

Ich erinnere mich, daß alle Kollegen mich mitleidig ansahen; denn Pallenberg war nicht nur wegen der rasanten Vitalität seiner vis comica von seinen Partnern gefürchtet, sondern noch mehr wegen der absoluten Unberechenbarkeit seiner textlichen Improvisationen, die alle und alles durcheinanderbrachten. Peter Lorre sagte zu mir: «Armer Gins, da gibt es nichts zu hoffen, da gibt es nur resignierende Passivität.» Nun, ich hielt mich an dieses Wort. Was auch immer Pallenberg auf den Proben mit mir trieb, ich ließ alles geschehen, zumal ich, was komische Rollen betraf, so gut wie gar keine Erfahrung besaß. Pallenberg hatte z. B. zu mir zu sagen: «Sie haben genau so schöne Augen wie meine Tochter»; dabei zog er mir mit zwei Fingern meine Augenlider auseinander, stierte mir aus kaum drei Zentimeter Entfernung ins Auge, so daß er mir beim Weiterreden hineinspuckte, oder er drehte mich, grade wenn ich einen wichtigen Satz zu sagen begonnen hatte, plötzlich an der Schulter herum, so daß ich mit dem Rücken zum Publikum sprach, kurz: es war kein Fest.

Wie groß war mein Erstaunen, als am Premierenabend ein unerwarteter Lacher nach dem andern meiner Rolle galt. Offenbar wirkte meine völlig hilflose Passivität als bewußtes künstlerisches Mittel. Je unglücklicher ich auf Pallenbergs Aggressivitäten reagierte, um so stürmischer wurde das Gelächter, bis Pallenberg, als ich im dritten Akt sogar einen donnernden Szenenapplaus erntete, böse zischte: «Was soll denn das heißen! Bist du hier der Komiker oder ich?!» Jedenfalls: am Ende der Premiere hatte ich, ohne zu ahnen warum, einen meiner größten Berliner Erfolge, was auch

die Presse in den nächsten Tagen bestätigte. Einer schrieb sogar: «Ich bitte, neben dem lärmenden Pallenberg die stille und rührende Herzenskomik des jungen Ernst Ginsberg nicht zu übersehen!»
Nun aber kam der zweite Abend. Was geschah? Pallenberg übersprang mit teuflischer Raffinesse jede Stelle, an der ich bei der Premiere einen Lacher gehabt hatte. Ich stand da wie ein entblätterter Blütenbaum ... Doch jetzt begann mich die Sache zu reizen. Ich nahm meine ganze Geistesgegenwart zusammen, und als Pallenberg am dritten Abend das gleiche Spiel mit mir wiederholen wollte, sprang ich, wenn er über einen Satz von mir hinweggesprungen war, couragiert wieder zurück. Beim ersten Mal stutzte Pallenberg, dann sah ich, wie seine Augen zugleich gereizt und belustigt funkelten. Und nun entwickelte sich in allen weiteren Aufführungen zwischen uns ein heimlicher, aber für mich unendlich lehrreicher Kampf. Pallenberg wurde immer freundlicher zu mir. Und als ich bei der letzten Aufführung im Dunkeln hinter der Bühne meinen Auftritt abwartete, schlug mich plötzlich jemand von hinten derb auf die Schulter und raunte mir ins Ohr: «Sie! Sie sind ein lieber Kerl! Ich war eine ekelhafte Primadonna zu Ihnen! Das war eine schöne Zeit. Ich danke Ihnen.» Und damit schoß Pallenberg an mir vorbei auf die Bühne. – Ich muß gestehen, daß auch ich für diese Begegnung im höchsten Maße dankbar war. Ich habe Dinge gelernt, die man wohl nur neben diesem Meister der Improvisation lernen konnte: Geistesgegenwart, Kaltblütigkeit und schnelles Arbeiten der Phantasie.
Zu was war dieser Pallenberg alles imstande! Es gibt in diesem Stück eine Szene, die auf dem Lande spielt und in der eine Kuh die Bühne betritt. Bei der Premiere – man denke sich: bei der Premiere! – stieß Pallenberg beim Anblick des Tieres einen vorher nie vorgesehenen Freudenschrei aus, löste sich mitten in unserem Dialog von mir, lief

zu der Kuh hin, hängte seinen Regenschirm an ihr Horn, legte seinen Arm um den Kuhnacken, drückte einen schallenden Kuß darauf und rief sehnsüchtig aus: «Wenn du noch kochen könntest!» – Oder: an einer Stelle derselben Szene hatte er mit einem irren Schrei einen Haufen Papiergeld in die Luft zu werfen und in die Hände zu klatschen. Seltsamerweise löste dieser Moment bei unserer Kuh jedesmal etwas aus, das auf einer Wiese angebracht gewesen wäre. Als ein einziges Mal diese Reaktion des Tieres ausblieb, warf Pallenberg der Kuh einen strafenden Blick zu und rief nach einer kurzen Pause: «Was heißt denn das? Aufpassen! Gleich nochmal!», und er sammelte blitzschnell alle herumliegenden Geldscheine, warf sie ein zweites Mal mit einem Schrei in die Luft und klatschte wieder in die Hände, woraufhin auch bei unserer Kuh etwas klatschte. Darauf Pallenberg vorwurfsvoll: «Na also! Warum denn nicht gleich!» – Diese arme Kuh übrigens, die immer durch die damals schneenassen Berliner Straßen ins Theater gebracht wurde, bekam Husten. Als Pallenberg in unserer Szene das Tier plötzlich husten hörte, drehte er sich zu ihm um und rief: «Halt den Huf vors Maul!», und zu mir gewandt: «Diese Kühe von heute ... überhaupt keine Kälberstube mehr!» ... Nicht komisch war, daß diese Kuh tatsächlich eine Lungenentzündung bekam und starb, so daß eine neue geholt werden mußte. Sie war im Gegensatz zu ihrer Vorgängerin ein ungebärdiges Tier. Darum hatte man ihr vorsichtshalber ein Seil um einen Huf gebunden, an dem sie von zwei Männern in der Kulisse gehalten wurde. Als sie in das ungewohnte Scheinwerferlicht trat, drehte sie den Kopf zum Publikum und muhte unwillig. Pallenberg rief ihr sofort zu: «Ich bin dran», und zu mir: «Die neue Kollegin gefällt mir nicht.» Wehe aber, wenn jemand anders zu improvisieren wagte und das nicht gut machte! Dann war Pallenberg geradezu sadistisch grausam: zu einem Kollegen, der einen allerdings sehr dummen Text improvisierte, sagte er nach einer langen Pause, ihn mit seinen Blicken durchbohrend: «Fanden Sie das jetzt gut? Niemand hat gelacht. Versuchen Sie es nochmal», und er gab tatsächlich keine Ruhe, bis der Unglückliche bleich und verquält noch einmal seinen Satz von sich gegeben hatte ... Solche Augenblicke streiften das bösartig Makabre. Wie hinreißend dagegen dann aber wieder ein Moment in diesem Stück, wo ein «Schlepper» uns kleine Leute in ein anrüchiges Haus zu locken und uns Konkubinen anzubieten hatte, und Pallenberg mit blitzenden Augen triumphierte: «Hören Sie, Vitek, Kon-Kabinen!» Oder jener Ausbruch, mit dem er am Ende einer ehelichen Szene mit Therese Giehse, die vor ihm aus der Tür zu flüchten hatte, ihren Rockzipfel erwischte und auf ihn mit dem Klageruf eindrosch: «Oh du lebenslängliches Weib! ...» So groß der Erfolg der Aufführung war, das poetische Stück Polgars wurde von seinen Kritiker-Kollegen in Grund und Boden verrissen. Ich sehe Polgar noch in meiner Garderobe sitzen, bleich und vornehm: «Ach, lieber Gins, jetzt weiß ich es erst richtig, was Ihr armen Komödianten als Freiwild für jeden Schreiberling durchzumachen habt. Ich werde von heute an noch viel behutsamer mit meiner Feder umgehen als bisher.» Der Gute hatte dabei einen solchen Vorsatz nicht nötig. Denn im Gegensatz zu Kerr und dessen Nachäffern hat ja Polgar niemals einen lebendigen Schauspieler für eine tote Pointe geopfert, so geistvoll und witzig er auch war.

Es war auch kein Zufall, daß Polgar die Bedeutung von Karl Kraus, in dem der ureitle Kerr nur einen «Krätzerich» zu sehen vermochte, voll erkannt und gewürdigt hat. Auch Kraus habe ich in diesen Berliner Jahren, nach der nur flüchtigen Begegnung in München, persönlich näher kennen lernen dürfen, in Stunden, die zu meinen schönsten Erinnerungen gehören.

Für uns, die wir damals tausend geistigen und ungeistigen, literarischen und politischen Einflüssen, Verwirrungen und Versuchungen ausgesetzt waren, bedeutete die «Fackel» des Karl Kraus ein wegweisendes Licht. Für uns stand es fest, daß das große, zeitliche Nein des Polemikers und Satirikers [der bekanntlich «nur niederreißen» konnte] einzig und allein deshalb gesprochen wurde, um zum größeren, aufbauenden, ewigen Ja zu führen, das allem Wahren, Guten und Schönen galt. Und wenn es eines Beweises dafür überhaupt noch bedurft hätte, so ist er uns wohl nirgends so evident geworden, wie in der reinen, fast kindlichen Liebe, mit der Karl Kraus der Welt des Theaters zugetan war.

Mit welcher Treue – sie ging manchmal bis zur Ungerechtigkeit gegen die Vorstellungsprobleme der Gegenwart – bewahrte er das Andenken an jene großen Burgschauspieler, die seiner Jugend die entscheidenden Theatererlebnisse und -erschütterungen beschert hatten! Wie sehr war und blieb er selbst – die von ihm gesprochenen Grammophonaufnahmen lehren es – jenem großen, alten, heute fremd anmutenden Stil verhaftet! Wie leicht vermochte sich der sonst so Unbestechliche in der Beurteilung junger Schauspielerinnen, vom Eros des Theaters hingerissen, zu täuschen!

Wer das Glück hatte, seine Offenbach-Vorträge mitzuerleben, wird niemals die Süße und Zärtlichkeit vergessen, mit der die Arie der Metella oder der Brief der Perichole aufklangen. Es war ein Vortrag, der zwischen musikalischem Sprechen und zart angedeutetem Singen lag und den Zuhörenden ins Herz traf. Kraus war gewiß kein Schauspieler. Und doch konnte ihn manch einer «vom Fach» um die Innerlichkeit und Beseeltheit seiner leisen Wirkungen beneiden.

Freilich: er mußte allein auf dem Podium sein. Für die unverwechselbare Eigenart seines Vortrages, die mit dem eigentlichen Metier wenig zu tun hatte, gab es keine Partnerschaft. Ich erinnere mich einer Aufführung des Shakespeareschen «Timon» im Berliner Rundfunk. Kraus selbst sprach den Timon. Und wir Schauspieler, die ihn umstanden und seine Partner sein sollten, konnten zu seiner Gestaltungsart – sie hatte, vom professionellen Theaterstandpunkt aus betrachtet, etwas von der Leidenschaftlichkeit eines genialen Laien – keine Brücke schlagen. Er selbst spürte das nicht. Er war glücklich. Er war in seinem Element. Aber ich glaube nicht, daß jene Funkaufführung zu einem einheitlichen Ganzen wurde. Nein: Kraus wirkte nur allein. Sein Theater kannte als Ensemble, als Liebhaber und Liebhaberin, als Helden-, Charakter- und Väterspieler, als Charge und komische Alte, als Chor und Solisten nur ihn. Nur in dieser umfassenden Personalunion kam es zum Blühen.

Ich hatte, 26 Jahre alt, in der von politischem Skandal umwitterten Uraufführung der «Unüberwindlichen» an der Berliner Volksbühne den Arkus zu spielen, jene Figur, in der Kraus sich selbst in seinem Kampf gegen den Erpresser Bekessy und den Wiener Polizeipräsidenten Schober dargestellt hat. Ich war natürlich aufs tiefste befangen, als Karl Kraus, das verehrte Original meiner Rolle, selbst zur Hauptprobe erschien. Nach der Probe kam er zu mir und ermunterte mich: «Haben Sie doch keine Hemmungen! Machen Sie mich ruhig nach, so, wie ich mich gebärde. Sie wissen doch ...!» Und dann deutete er mir lächelnd eine der für ihn typischen, weit ausladenden Gesten mit den beschwörenden Händen an, wie man sie von großen, leidenschaftlichen Augenblicken seiner Vorträge her kannte.

Und wie geduldig konnte der Unduldsame sein! Wir probierten im Berliner «Theater am Schiffbauerdamm» für eine Matinée «Die letzte Nacht», den Epilog zu den «Letzten Tagen der Menschheit». Wie es in jener hektischen Zeit üblich war, erstreckten sich die Hauptproben bis weit über Mitternacht, was sich schon deshalb nicht vermeiden ließ, weil viele der Schauspieler, die von den verschiedenen Berliner Bühnen für dieses schwierige Unternehmen zusammenengagiert wurden, erst nach ihren Vorstellungen zur Probe kommen konnten. Noch klappte nichts. Die szenische Technik in ihrer phantastischen Vielfalt schien fast unlösbare Schwierigkeiten zu bieten. Alles lief und schrie durcheinander, Bühnenarbeiter, Beleuchter, Mitwirkende. Szenenfetzen wechselten mit technischen Versuchen. Während alldem saß Karl Kraus stumm und ergeben, mit hochgeklapptem Kragen, im Parkett. Erst gegen 4 Uhr früh, als einer der Schauspieler – der nicht ganz unbegreiflicherweise alkoholisierte Gnaß – auf die Bühne wankte und in grotesk entstellender Verdrehung seines Textes lallte:

> «Laßt Bomben erschallen, laßt Bomben erschallen:
> Hosiannah ist auf den Oelberg gefallen»
> [statt: «Laßt Hosiannah erschallen, laßt Hosiannah erschallen:
> Bomben sind auf den Oelberg gefallen»]

– erst da erhob sich Kraus: «Das genügt für heute. Schluß der Probe!» Und der graue Berliner Morgen verschlang den ganzen Spuk.

Karl Kraus war es, der uns jungen Schauspielern Augen und Ohren für die unsern Beruf zerstörenden Gefahren der Zeit geöffnet hat. Diese Gefahren sind heute die gleichen wie damals. Noch immer wollen viele Schauspieler und Regisseure nicht wahrhaben, daß ihr höchster Ehrgeiz der Dienst am Dichter zu sein hat. Noch immer wird der Name des Dichters, ohne den der Schauspieler ja gar nicht wäre, gerne kleiner gedruckt als der seines reproduktiven Protagonisten, werden klassische Werke zu banaler Aktualisierung mißbraucht, versuchen Schauspieler allzu oft Kraft durch Krampf, Geist durch Intellekt, Seele durch Sentimentalität, Leidenschaft durch Nervosität, dichterische Sprache durch Alltagskonversation und Kunst durch Mache zu ersetzen. Noch immer wissen viele nicht, daß einem einzigen Shakespeareschen Vers darstellerisch wesentlich schwerer gerecht zu werden ist als einer ganzen Szene Bernard Shaws. Noch immer verwechselt man gerne Pech mit Tragik, Klamauk mit Humor, kalte technische Bühnen-Mätzchen mit dem ewigen geistig-erotischen Zauber des Theaters.

Karl Kraus hat uns gelehrt, echt von unecht zu unterscheiden. Er war es, der uns jenen altmodischen Begriff nahegebracht hat, zu dem auch heute noch, ja heute erst recht, fast revolutionärer Mut gehört: den Begriff unbedingter Hingabe an den Dichter.

Es war im Grunde nichts anderes als die Konsequenz aus den von Kraus empfangenen Lehren und freilich auch aus den anfänglichen Motiven, die mich zum Theater getrieben hatten, wenn ich nach fünf Berliner Jahren trotz großer Erfolge und trotz dem Kopfschütteln meiner Freunde erklärte: «Ich bin nicht zum Theater gegangen, um primär politische Tagesliteratur zu spielen, sondern ich möchte mit Dichtungen zu tun haben.»

Ich hatte fünf Jahre lang an fast allen Theatern Berlins gespielt, manchmal an einem Abend auf zwei Bühnen, hier im ersten, dort im letzten Akt. Aber was ich spielte, war, von glücklichen Ausnahmen abgesehen, fast immer dasselbe: Junge Ärzte, junge Lehrer, junge Revolutionäre usw. – Es war zum Auswachsen! Ich war 28 Jahre alt und sollte mich bereits als «interessanter Typ» abstempeln lassen?

Als mir Gustav Hartung in dieser Situation am Hessischen

Landestheater in Darmstadt die Chance bot, mich an großen klassischen Aufgaben zu bewähren, da griff ich, allem Abraten meiner Freunde entgegen, zu, gab eine viel beneidete Berliner Position auf und ging noch einmal in die «Provinz». Damals konnte ich nicht wissen, daß dieser riskante Schritt für meine Zukunft von existenzieller Bedeutung sein würde. Denn in Darmstadt wirkte damals als Dramaturg Kurt Hirschfeld. Und Kurt Hirschfeld war es, dem ich meine Rettung nach Zürich zu verdanken haben sollte.

Die Bedeutung, die Darmstadt für mich gewann, lag auf einem ganz anderen Gebiet, als ich erwartet hatte. Die nahende Katastrophe der Machtübernahme durch Hitler drängte die Wichtigkeit aller persönlich-theatralischen Probleme in den Hintergrund.

Doch spielten sich in Darmstadt zwei entscheidende Ereignisse meines Lebens ab: das erste war die Geburt unseres einzigen Kindes Johannes. Dieses glückliche Ereignis brachte übrigens einen mehr als komischen Zwischenfall mit sich: nach der Besichtigung des Neugeborenen gingen meine Schwiegermutter und ich beschwingt ins Hotel «Traube», wo wir bei einer Flasche Rotwein alle Telegramme an die Nächststehenden aufsetzten. Darunter auch ein Telegramm an meinen Vater, des Inhalts: «Gott hat uns heute nacht einen kleinen Sohn geschenkt.» Als alle Telegramme dem Kellner diktiert waren, der sie telephonisch aufgeben sollte, baten wir ihn, uns sicherheitshalber noch einmal die Texte und Adressen vorzulesen. Es war ein sehr vornehmer Kellner. Als er an das Telegramm an meinen Vater kam: «Gott hat uns heute einen kleinen Sohn geschenkt», blickte er unsicher auf und fragte mit äußerster Höflichkeit: «Bitte, wie heißt der Herr? Hott?» Er wußte offenbar nicht, wo Gott wohnt.

Das zweite Ereignis war der erste reale Schritt zur Verwirklichung meines Eintritts in die katholische Kirche. Es war in einem Eisenbahnzug zwischen Heidelberg und Darmstadt. Mir gegenüber saß ein hochgewachsener Benediktiner mit einem ungewöhnlichen Kopf. Schneeweiße Haare über einem Jünglingsgesicht mit leuchtenden blauen Augen, die von langen schwarzen Wimpern beschattet waren. Wie es in solchen Entscheidungen zu sein pflegt, wußte ich bei seinem Anblick, daß dieses der Mann sei, den ich trotz aller

Hemmung unvermittelt ansprechen müsse und der mir auf den Weg helfen würde, den ich suchte. Ich ahnte nicht, daß ich mit Adalbert von Neipperg, dem Abt des Klosters Neuburg zu tun hatte. Das Gespräch, das sich während dieser Eisenbahnfahrt zwischen uns entwickelte, hatte einen ausgedehnten Briefwechsel zur Folge, der mir theoretisch wie praktisch die entscheidenden Türen öffnete.
Wir haben uns dann im Strudel der politischen Geschehnisse aus den Augen verloren. Erst als ich nach Ablauf der Tausend Jahre zurückkehrte und mit meiner Frau für wenige Tage in Heidelberg weilte, unternahmen wir eine Wanderung zum Kloster Neuburg. An der Pforte wurden kleine Bildchen verteilt. Mir stand das Herz still. Es war das Bild des Abtes von Neipperg, und eine kurze Unterschrift besagte: «Nach harten Jahren jugoslawischer Gefangenschaft, in der sein bewundernswerter Seeleneifer nur den Dienst priesterlicher Hingabe an seine Mitgefangenen kannte, wurde er in den Weihnachtstagen des Jahres 1948 von unbekannten Tätern ermordet. Sein Leib ruht auf dem Friedhof in Werschetz.»

Als ich im Jahre 1933 aus meinem Darmstädter Vertrag «auf Grund des Gesetzes zur Wiederherstellung des Berufsbeamtentums» – ich kann nichts dafür, der Entlassungsgrund hieß wirklich so – entlassen war, glaubte ich zunächst, man könne mit den neuen Herren wie mit vernünftigen Menschen diskutieren. Ich ließ mich also bei einem hohen Kulturreferenten der Partei melden und antichambrierte zwischen SA- und SS-Leuten, die mich mißbilligend betrachteten, bis ich zu dem Gewaltigen vorgelassen wurde.
Er war ein schlanker, etwa vierzigjähriger Mann mit scharfgeschnittenem Gesicht. Er hatte im Ersten Weltkrieg ein Auge verloren. Das Zimmer war vollständig schmucklos bis

auf ein riesiges Hitlerbild an der Wand und, ihm gegenüber, die Totenmaske Friedrichs des Großen. Der Kulturreferent K. stand von seinem Tisch auf, kam mir verbindlich entgegen, schüttelte mir, nicht ohne Temperament, die Hand und erklärte, er freue sich, mich einmal in persona zu sehen, denn er verdanke mir viele große Eindrücke. Ich antwortete, daß es damit nun wohl vorbei sei, nach meiner Entlassung. Er sagte ernst: «Ja, mein Lieber! Das ist so, unsere kleinen Interessen müssen vor den größeren der rassischen Reinigung zurücktreten.» Da war sie also wieder, und diesmal endgültig, die mir so bitter vertraute Ideologie, die mich schon 1921 aus der Jugendbewegung verjagt hatte. K. hielt mir einen langen theoretischen Vortrag. Ich sagte: «Wenn alle diese Argumente richtig wären, dann hätte doch ein Jude, der Deutschland liebt – und ich liebe Deutschland – nichts Dringenderes zu tun, als sich so schnell wie möglich eine Kugel durch den Kopf zu schießen, um sich als ‹Schädling› unschädlich zu machen. Gottlob aber habe ich genug ‹arische› Freunde, denen die von Ihnen vertretene Rassenideologie völlig fremd und gleichgültig ist!» K. antwortete: «Warten Sie nur ab, diese Leute haben alle verdorbene Instinkte. Wir werden sie schon erziehen. Und was die Kugel durch den Kopf betrifft, verehrter Herr Ginsberg – wir sprechen ja unter Männern –, wenn ich heute erführe, daß in meinen Adern auch nur ein Tropfen jüdischen Blutes rollt, ich würde mich sofort erschießen!» Ich beendete dieses Gespräch mit dem Satz: «Ich hoffe, Sie verübeln es mir nicht, wenn ich Ihren freundlichen Rat nicht befolge.» Es war mir klar, daß Gespräche nutzlos waren; hier gab es keine Brücke.

K. hat vier Jahre später erfahren, daß er eine jüdische Urgroßmutter hatte, und hat sich tatsächlich erschossen.

Nach diesem Gespräch gab ich jede Hoffnung auf Rettung meines Engagements auf und fuhr mit meiner Frau und dem wenige Wochen alten Söhnchen – ein Mischling, eine Rassenschande – nach Berlin. Der Zufall wollte, daß auf dem Darmstädter Bahnhof zwei SA-Leute meiner Frau behilflich waren, das Körbchen mit dem Kind in den Wagen zu heben. Sie waren von dem «goldigen Kerlchen» sehr entzückt. Ich dachte «Wenn ihr wüßtet!»

In Berlin nahmen uns ein Großvetter meiner Mutter, der Landgerichtsdirektor Levy, ein hervorragender Mann von tiefstem Ernst, und seine Frau, die als konvertierte Protestantin zum Niemöller-Kreis gehörte, in ihrer Villa in Dahlem auf. [Beide sind später auf elende Weise ums Leben gekommen.] Mein Vater, der damals bei meiner Schwester in Ruhleben wohnte, kam fast täglich zu uns, und die politischen Diskussionen schlugen hohe Wellen. Mein Vater geriet in unsägliche Gewissenskonflikte, denn alles, was nach Liebe zu Deutschland klang, alles, was sich «national» gab, entsprach im Grunde seiner Lebensanschauung. Anderseits konnte er die Augen, so gerne er es vielleicht getan hätte, nicht vor der Brutalität verschließen, mit der die Hitlerei sich auszubreiten wußte. Er bemühte sich um eine Art unrealisierbarer Objektivität den Ereignissen gegenüber, als wenn wir nicht alle deren Opfer gewesen wären. Uns war das klar, und so gerieten wir oft mit unserem guten Vater scharf und bitterlich aneinander.

Damals wurde den Juden zuerst erlaubt, in Berlin ein eigenes, rein jüdisches Theater aufzumachen, und ich erinnere mich, daß ich mit Leonhard Steckel an einer der Gründungsversammlungen dieses Ensembles war, bei der Julius Bab mitteilte, man werde das Theater mit «Nathan der Weise» eröffnen, in der Titelrolle Max Pallenberg. Ich weiß noch, daß Steckel und ich trotz des Bittern der Situation über die Sinnlosigkeit des ganzen Unternehmens Tränen gelacht haben und fest entschlossen waren, jeden Weg zu gehen, aber keinesfalls den Weg zurück ins Ghetto.

Nachdem sich diese letzte Chance auch als illusorisch erwiesen hatte, entschloß ich mich zur definitiven Emigration aus Deutschland. Es war Oktober 1933. Schon in Darmstadt hatte der mir bis dahin ganz unbekannte Heinrich Simon, der Chefredakteur der «Frankfurter Allgemeinen Zeitung», mich zu meiner Überraschung zu sich zitiert, um mir zu eröffnen, er habe seit meinem 18. Lebensjahr meinen Werdegang mit größter Anteilnahme verfolgt und er würde mir, sowie ich es für nötig hielte, mit Rat und Tat für die Emigration zur Verfügung stehen. Jetzt war der Augenblick gekommen. Ich traf ihn in Berlin wieder, und er vermittelte mir die Familie von Motesietzky, die Nachkommen des großen von Liebig, die in Mödling bei Wien ein Schlößchen besaßen und bereit waren, mich aufzunehmen.
Als ich meinem Vater Lebewohl sagte, der nicht gewillt war, Deutschland zu verlassen, sagte er erregt: «Mein lieber Junge, du bist in politischen Dingen immer ein Phantast gewesen. Du bist in 14 Tagen wieder hier! Ich weiß aus sicherster Quelle, daß Hitler und Göring empört sind über die antisemitischen Übergriffe untergeordneter Organe. Was glaubst du denn, wo wir leben? Deutschland ist ein Rechtsstaat!» Ach, der Arme sollte noch bitter umlernen. Aber es war noch nicht so weit.
In Wien, wo ich am späten Abend ankam, wurde ich von einem schönen, jungen Mädchen abgeholt, am schriftlich verabredeten Zeichen erkannt und mit einem Riesenwagen nach Mödling hinausgefahren. Ich war todmüde, und alles war wie ein Traum: Die Freitreppe des Schlosses, die ich, ein zum Habenichts gewordener Emigrant, hinaufstieg, das Zimmer, in dem ich untergebracht war, vollgestopft mit Jagdtrophäen, der wunderbare Park mit den rauschenden uralten Bäumen – das Ganze hatte etwas Eichendorffisches, mitten in all der Hoffnungslosigkeit der Situation. Ich wurde in diesem Schloß von der alten Besitzerin und ihrer Toch-

ter – beide mußten bei Hitlers Einmarsch in Österreich als Halbjuden später selber nach London flüchten – aufs unglaublichste verwöhnt.
In Wien hatte ich auch noch eine letzte Begegnung mit Max Pallenberg, bevor er auf entsetzliche Weise endete [er verbrannte in einem abstürzenden Flugzeug]. Wir saßen beim Bier zusammen und sprachen natürlich über die grauenhaften Zeitgeschehnisse. Plötzlich brach Pallenberg aus: «Ich möcht so gern ... Ich möcht so gern den Hitler spielen!» Ich fragte erstaunt: «Wie denn?» Er war um die Antwort nicht verlegen. «Typus Heiratsschwindler», sagte er.
Wie genial doch diese Pallenbergsche Idee war! Als ich von Berlin Abschied nahm, war ich auch zu unserer alten Gemüsefrau gegangen, die wir «Tante Annchen» nannten. Sie weinte und konnte es gar nicht fassen, daß ich für immer Deutschland verlassen wollte. «Wenn der Hitler das wüßte!» schluchzte sie. Ich sagte, daß er es nicht gerade in meinem Falle wisse, aber daß er bestimmt nichts dagegen einzuwenden hätte, wenn wieder ein Jude weniger in Berlin sei. Tante Annchen schneuzte sich und sagte: «Ja, so reden ja viele. Aber ich kann mir so was von Hitler nicht vorstellen. Er ist doch so schön!» – Typus Heiratsschwindler.
Ich bemühte mich, in Wien, sei es an der Bühne, sei es am Radio, Anschluß zu finden. Aber jeder Versuch schlug fehl. Meine Berliner Art stieß auf Ablehnung, zumal sich in Österreich ja schon damals eine starke nazistische Strömung bemerkbar machte. Ich war verzweifelt, denn meine letzten Gelder schmolzen zusammen, und ich hatte ja eigentlich beabsichtigt, Frau und Kind nachkommen zu lassen. Ich konnte nicht ahnen, daß dieses Unglück mein allergrößtes Glück war; denn hätte ich in Wien Boden gefaßt, hätte ich spätestens bei Hitlers Einmarsch ein zweites Mal emigrieren müssen, und wer weiß, ob ich dann in Zürich noch ein Engagement gefunden hätte! Als die Not am größten war,

erhielt ich auf Veranlassung Kurt Hirschfelds das Telegramm von Gustav Hartung, in der Uraufführung «Die Rassen» von Bruckner in Zürich den jungen Juden zu spielen, und damit war mein Schicksal für die nächsten dreißig Jahre besiegelt. Wer von uns, die im Jahre 1933 und später aus Berlin, Wien und München von der Sturmflut der Ereignisse an das rettende Ufer getragen wurden, hätte gedacht, daß uns die kleine Bühne des Zürcher Schauspielhauses für so viele Jahre zur zweiten künstlerischen Heimat werden sollte, ja mehr: daß hier jedem Einzelnen von uns, neben einem Übermaß an Arbeit und mancherlei ernsten Sorgen, auch Stunden echten und unvergeßlichen Glücks bevorstanden? Wenn es Glück ist, mit dem Einsatz der ganzen Kraft einer guten Sache dienen zu dürfen, wenn es Glück ist, in Zeiten des Unterganges an der Bewahrung alter Werte mitzuwirken, in Zeiten der Unmenschlichkeit und der Geistvernichtung für den Menschen und für den Geist zeugen zu dürfen, und wenn es Glück ist, um die Bewältigung solcher Aufgaben in Freiheit ringen und ihr in seltenen Stunden sogar nahekommen zu können, dann waren wir, wie nur wenige Bevorzugte in dieser Zeit, manches Mal wahrhaft glücklich.
Gewiß konnten wir unserer Verantwortung, die im Laufe der Jahre immer bedeutsamer wurde – waren wir doch zuletzt, seit dem Sommer 1944, in dem alle deutschen Bühnen im Reich geschlossen wurden, das einzige deutschsprachige Theater Europas –, nicht in einer vorbildlichen Weise gerecht werden. Wir krankten, wie jede Bühne dieser Zeit, an mancher Unsicherheit und Zwiespältigkeit in Fragen des Stils, an mancher Armut der Mittel, an mancher Unausgeglichenheit in der menschlichen Gemeinschaft. Überblickt man aber das Ganze dieser Jahre und vergleicht man die Schwierigkeiten mit dem Erreichten, so bleibt bei aller Kritik und Selbstkritik für jeden Einzelnen von uns zu erkennen, daß wir für manche Erfüllung zu danken haben.

Es kann nicht Sinn dieser Zeilen sein, den für ein Theater dieser Jahre wohl einzigartigen, von Aischylos bis Hauptmann, von Claudel bis Karl Kraus reichenden Spielplan unseres Dramaturgen Kurt Hirschfeld wiederzugeben, der in diesen Jahren alle entscheidenden Uraufführungen von Giraudoux, Wilder, Sartre, Brecht und andern brachte, oder die vielen Momente zu schildern, in denen wohl jedem von uns bewußt wurde, wo wir standen und was in unsere Hand gegeben war: etwa jene Götz-von-Berlichingen-Première, in der nach dem von Heinrich Gretler ohne laute Emphase gesprochenen Trinkspruch «Es lebe die Freiheit! – Und wenn die uns überlebt, können wir ruhig sterben!» der dichterische Funke anderthalb Jahrhunderte übersprang und minutenlange Beifallsstürme auslöste, wie sie das stille Zürcher Theater wohl selten erlebt hat ... Oder jene Faust-II-Première, trotz unbeschreiblichen technischen Schwierigkeiten durchgeführt, während draußen, unter der panischen Angst vor dem stündlich erwarteten Einmarsch der Deutschen, die vollbepackten Autos der Evakuierenden durch die Straßen davonrasten ... Allein das Erlebnis der fast alle Werke der Jüngeren durch unverbrauchte Lebenskraft des Geistes überstrahlenden Klassiker – selbst in unseren oft so problematischen Aufführungen wirksam – wäre ausführlicher Berichte wert.

Es ist über die Geschichte des Zürcher Schauspielhauses so viel und von so vielen geschrieben worden und insbesondere hat Elisabeth Brock-Sulzer in ihrem im Verlag «Theater heute» erschienenen Buch meine Theaterarbeit, was meine dreißig Schweizer Theaterjahre betrifft, so ausführlich dargestellt, daß es mir als eine Koketterie erscheinen würde, wenn ich all das noch einmal darstellen wollte. Es wird im folgenden immer wieder von Zürich die Rede sein, und auch alle meine Theateraufsätze sind ausschließlich ein Niederschlag meiner Zürcher Arbeit. Aber ich möchte hier in diesem Kapitel nur noch das Ende meines Vaters schildern.

Mit der Zunahme der Judenverfolgungen in Deutschland hatten fast alle seine Freunde und Verwandten, außer dem Ehepaar Levy, das nur seine Kinder außer Landes geschafft hatte, Berlin bereits verlassen. Selbst er mußte einsehen, daß die Dinge immer schlimmer wurden. Er war nach langem Zögern schließlich bereit, zu uns nach Zürich zu übersiedeln. Ich konnte ihm verhaltnismäßig schnell das Schweizer Visum verschaffen. Aber in Deutschland machte man dem alten Mann die teuflischsten Schwierigkeiten. Ich habe nach seinem Tode ein kleines Notizbüchlein von ihm gefunden, in dem er jeden Gang, den er zu Behörden zu machen hatte, um seine Ausreisepapiere zu bekommen, aufgezeichnet hat. Er gehörte gottlob nicht zu den Unglücklichen, die in den Gasöfen von Auschwitz oder anderswo enden mußten, aber was man ihm, der gerade von einer schweren Darmkrebsoperation genesen war, an Schikanen zugefügt hat, war für einen Mann seiner Mentalität nahezu tödlich. Man hielt ihn hin. Bald war diese wichtige Akte unauffindbar, bald jene, bald mußte er 1000, 2000, 3000 Mark für diesen oder jenen nationalistischen Fonds einzahlen, um überhaupt bei den wesentlichen Stellen empfangen zu werden, bis sein ohnehin zusammengeschmolzenes Vermögen fast auf dem Nullpunkt war. Unterdessen war das Schweizer Visum natürlich längst abgelaufen. Ich mußte es immer wieder erneuern, wobei – das möchte ich hier in goldenen Lettern vermerken – Elisabeth Birsinger, der Zürcher Engel der Emigranten, in jeder nur erdenklichen Weise mit Rat und Tat behilflich war.

Es gibt eine Stelle in meines Vaters Notizbuch, da berichtet er: «Sollte heute meinen Paß erhalten. Stand 4 Stunden an.

Kurz ehe ich dran kam, wurde der Schalter geschlossen. Werde mir morgen einen Hocker mitnehmen.» Am nächsten Tag steht zu lesen: «Der Hocker wurde mir mit der Bemerkung weggenommen, Juden brauchen nicht zu sitzen.» Er war 70 Jahre alt. – Am nächsten Tag, und das war nun wieder typisch für meines Vaters Objektivität, berichtet er erfreut: «Hatte heute mit einem prächtigen Beamten zu tun, einem Mann von echtem deutschem Schrot und Korn.» So war er ...

Als er nach unendlichen Schwierigkeiten und raffiniertesten Schikanen endlich so weit war, daß er abreisen konnte, nahm man ihm zu guter Letzt auf dem Flugplatz Tempelhof noch die goldene Kapsel seiner Uhr weg. Mit dem Uhrwerk in der Westentasche, mit dem Judenstern und mit seinem Eisernen Kreuz aus dem Ersten Weltkrieg stieg er in Zürich aus dem Flugzeug.

In Zürich hatten wir, da wir nur eine kleine Wohnung besaßen, das Glück, ihn bei den Schwestern von Monakow einquartieren zu können, die sich seiner aufs liebevollste annahmen. Immer noch geigte er. Er wanderte stundenlang in der Stadt herum, die er bald besser kannte, als ich sie je gekannt habe, mit derselben historischen Gründlichkeit, mit der er einstmals über die persische Geschichte diskutiert hatte. Der sonst äußerst unzugängliche Prof. Vogt räumte meinem Vater in seinem Laboratorium eine Ecke ein, wo der alte Mann immer noch einige Stunden am Tag so tun konnte, als sei seine wissenschaftliche Arbeit noch begehrt. Er war tapfer und beklagte sich nie über sein Schicksal. Aber es war unmöglich für ihn, in seinem Alter noch umzulernen, obwohl er mit zusammengebissenen Zähnen die gesamte Literatur las, die damals für uns wesentlich war: Friedrich Wilhelm Förster, Karl Kraus u. a. Als wir beim Einmarsch der deutschen Truppen in Paris zum ersten Mal doch den Mut sinken ließen und uns mit der Vorstellung befaßten, ob wir vielleicht nicht doch unter die Räder kommen würden – denn bis dahin waren wir von Hitlers Zusammenbruch unbeirrbar überzeugt –, sagte mein Vater ernst und zweifellos nicht ahnend, wie tief er uns damit erregte: «Ja, ja, Kinder! Wir sind unschlagbar!» [«Wir!» immer noch: «Wir!»]

Ach, wir hatten es schwer mit dem Guten, was die Politik betrifft, und er freilich auch mit uns. Wie hatte er schon in Berlin bei meinen Erfolgen zugleich Freude und Verzweiflung empfinden müssen, denn ich hatte dort meistens in den damals modernen politischen Stücken die Wortführer ausgesprochen linker Ideen verkörpert. Welch ein Gefühl für den alten Mann, wenn etwa über einen Satz wie «Solange noch ein Arbeiterkind in Deutschland hungert, keinen Pfennig für die Reichswehr!» ein minutenlang tobender Applaus über seinen Sohn hereinbrach. Meine Frau, die in den Premièren neben ihm saß, erzählte mir immer, der Alte habe in solchen Augenblicken laut hörbar mit den Zähnen geknirscht; andrerseits mußte er sich ja über meinen Erfolg freuen. Wäre er sonst mein Vater gewesen? Aber daß dieser Erfolg *so* zustande kam ...

In einer unserer vielen Zürcher Diskussionen verstieg er sich wohl zu dem paradoxesten Satz seines politischen Denkens. Er begann mit dem üblichen Vorsatz: «Mein lieber Junge, in politischen Dingen bist du immer ein Phantast gewesen!» und fuhr dann fort: «Das Wesen der Geschichte ist so: Wo gehobelt wird, fallen Späne. Diesmal sind wir die Späne, gewiß. Aber du wirst es erleben: für Deutschland ist das Ganze gut!»

Der Gedanke an die ungeheuren Gegensätze, die im Denken meines Vaters Raum hatten, macht mich oft nachdenklich in bezug auf die ungeheuren Irrtumsmöglichkeiten jedes Menschen. Wie wenig muß Rechttun mit Rechthaben verquickt sein! Die Gebrechlichkeit des menschlichen Denkvermögens, die Einflüsse von Milieu- und Zeitgebundenheit sind mir in dieser geliebten und verehrten Gestalt meines Vaters erschreckend klar geworden. Wir Jungen hatten es leicht, den Nationalsozialismus richtig zu sehen. Aber die Alten? Wie wenige Menschen können sich aus dem Sog ihrer Zeit ins Überzeitliche erheben! Wer von uns weiß, ob er zu diesen wenigen gehört? Es ist für mich eine unheimliche, sehr beunruhigende Erfahrung gewesen, daß weder der reinste Charakter, noch die tiefste Bildung, noch das äußerste Sich-Mühen um wahre Einsicht einen Menschen vor Torheit zu schützen vermögen.

Es war ein Segen, daß der alte Mann die Nächte, in denen wir die vernichtenden Bombergeschwader über Zürich hinweg nach Deutschland fliegen hörten, nicht mehr erlebt hat. Ein Segen, daß ihm der ungeheuerliche Zusammenbruch von allem, worauf er sein Leben gebaut hatte, erspart blieb. Im Jahre 1942 trat seine Krankheit in das Endstadium. Ich mußte ihn in das Rotkreuzspital in Zürich einliefern. Dort hatte ich in den letzten Tagen seines Lebens noch unvergeßliche Gespräche mit ihm. Einmal fragte ich ihn: «Vater, was warst du eigentlich für ein Arzt, du hast nie über dich gesprochen.» Er erwiderte: «Gutes Mittelmaß, mein Junge, gutes Mittelmaß.» Nach seinem Tode erst erfuhr ich aus Artikeln und Briefen, welch ungewöhnlich hohen Rang man ihm in der Ophthalmologie zubilligte.

In den Tagen, als es mit ihm zu Ende ging, hatte ich in Brunnen mit den dortigen Laienspielern den «Tell» von Paul Schoeck zu inszenieren, was mich völlig in Anspruch nahm. Wann immer ich konnte, machte ich mich frei, um meinen Vater zu besuchen. Er war aber immer aufs preußischste beunruhigt, daß ich auch den richtigen Zug zur Rückkehr erreichte. Bei einem dieser Besuche ging gerade ein junger Arzt, der ihn untersucht hatte, aus dem Krankenzimmer. Mein Vater winkte mich zu sich und sagte: «Hör mal, mein Junge, von diesem jungen Arzt möchte ich dann gerne seziert werden. Das ist endlich wieder ein Arzt nach meinem Sinn!»

Die Agonie trat ein, während ich in Brunnen arbeitete. Meine Frau, die nicht vom Sterbebett meines Vaters wich, telefonierte mir sofort. Ich warf mich in ein Auto und fuhr durch die verschneite Landschaft so schnell es ging nach Zürich. Als ich das Krankenzimmer betrat, sagte meine Frau mir leise, daß der Vater schon mehrfach wie tot dagelegen habe mit gebrochenen Augen, daß aber immer wieder, wenn sie ihm gesagt habe, daß ich unterwegs sei und bald kommen müsse, das Leben in ihn zurückgekehrt sei. Die Macht des Willens ist etwas Gewaltiges. Kaum näherte ich mich dem Bett, richtete er sich auf, griff mit beiden Händen in die Luft, ich streckte ihm meine Hand entgegen, er ergriff sie, sank zurück und war tot, meine Hand in der seinigen.

Die ihn betreuende Schwester erzählte uns, sie habe noch nie einen Arzt-Patienten – die ja meistens sehr schwierig sind – gehabt, der es ihr so leicht gemacht habe. Er habe selber genau jede Morphiumdosis bestimmt und dafür gesorgt, ungeachtet aller Schmerzen, die notwendige Steigerung des Mittels bis zuletzt aufzusparen.

Als ich den Toten am nächsten Tag besuchte und vor dem ausgestreckt Daliegenden stand, wußte ich: Ja! Das ist er, der edle Ritter Don Quichotte de la Mancha! Und seine Dulcinea war Deutschland gewesen.

«Geben Sie acht, wenn Sie mit mir über Glaubensfragen diskutieren, mein Lieber. Ich bin der letzte römisch-katholische Kopf!» sagte Brecht ironisch lachend, als wir einmal nach seiner Rückkehr aus der Emigration in Zürich, wo er für längere Zeit vor seiner Heimkehr nach Deutschland Station machte, im Laufe eines längeren Gesprächs Themen berührten, die ihm überwunden schienen, obwohl seine Sprache und vieles in der Art seiner Dialektik ohne die Bibel kaum denkbar wäre.
Wie lange war es jetzt her, daß ich diesem faszinierenden Kopf zum ersten Mal gegenüber gesessen hatte? Es war in Berlin. Ich war damals achtzehnjährig, zum ersten Mal in meinem Leben in einen kleinen Kreis von damals jungen Schriftstellern geraten, die eines Nachts bei Ruth Hellberg zusammentrafen. Es war eine mir ganz neue Welt, die ich mit tiefer Neugier in mich aufsog, freilich teilweise auch mit tiefster Antipathie. So erinnere ich mich, daß, gerade an dem Tisch, an dem ich saß, Arnolt Bronnen mit Alfred Döblin zusammentraf. Döblin fragte: «Was treiben Sie?» Der monokelgeschmückte Bronnen, der spätere Nazi, antwortete schneidend: «Geschlechtsverkehr.» Er fand das offenbar ungeheuer kühn und revolutionär ...
Wie immer im damaligen Berlin, wurde sehr viei getrunken. Alles, was ich sah und hörte, war mehr oder weniger «interessant». Dann aber gegen vier Uhr früh geschah etwas, was die Grenzen des Interessanten sprengte: Ein magerer Mensch, der eine Lederjacke trug und dessen kurzgeschorener Kopf auch zu einem asketischen Mönch gehört haben könnte, griff zur Laute. Er hatte bis dahin meist schweigend, rauchend und trinkend in seiner Ecke gesessen. Jetzt sang er. Er sang mit einer schmalen Stimme, die etwas von der

Schärfe eines Messers hatte, dabei aber von sensibelster Musikalität war. Er sang die «Ballade vom toten Soldaten». Es ging einem durch Mark und Bein. Derlei hatte ich noch nie gehört, und ich habe auch im spätern Leben ähnlich Aufwühlendes nur noch bei Karl Kraus oder bei Else Lasker-Schüler erlebt. Er sang scheinbar monoton, scheinbar unbeteiligt, scheinbar kalt. In Wirklichkeit verbarg er hinter dieser Starre – ähnlich muß Wedekind gesungen haben – das überempfindsame Herz eines großen Dichters. Er sang dann noch «Die Erinnerung an die Marie A.». Und meine achtzehn Jahre flogen diesem Dichter, Bertolt Brecht, zu in einer jugendlichen Liebe, die ich auch im spätern Leben nicht verloren habe. Damals, als ich ihn in Zürich nach Jahrzehnten wiedersah, war er nicht mehr so mager. Sein Gesicht war breiter geworden. Aber die Augen, diese tiefliegenden, seltsam scheuen, undurchschaubaren Augen hatten nichts von ihrem ungewöhnlichen Zauber verloren.
Kurz bevor Brecht nach Europa zurückkam, hatte ich im Basler Stadttheater die schweizerische Erstaufführung von «Furcht und Elend des Dritten Reiches» inszeniert. Brechts Freund, Kaspar Neher, hatte die Dekorationen gemacht. Ich habe damals im Programmheft des Basler Stadttheaters folgenden Text veröffentlicht:

«Mitten im Ersten Weltkrieg, ‹da Operettenfiguren die Tragödie der Menschheit spielten›, schrieb der österreichische Dichter Karl Kraus in Wien seine prophetische Szenenfolge ‹Die letzten Tage der Menschheit›. – In dem allgemeinen Wirrwarr nach Ende jenes Ersten Weltkrieges wurde in einem 1921 in München uraufgeführten Drama ‹Trommeln in der Nacht› die Stimme des bis dahin noch unbekannten jungen Dichters Bertolt Brecht vernehmbar.
Viele Jahre später, als Brecht bereits eine zwar ästhetisch

oder politisch umstrittene, aber in ihrer Bedeutung nicht mehr zu übersehende Gestalt geworden war, traten Brecht und Kraus in persönliche Beziehung. Brecht, der zu den wenigen Schreibenden dieser Zeit gehört, die vor dem unbestechlich klaren Urteil des wesentlich älteren Karl Kraus bestanden, ist nun heute derjenige, der 1938 in der freiwilligen Emigration die abgekürzte Chronik des zweiten Teiles der europäischen Katastrophe aufgezeichnet hat. Wie bei den ‹einem Marstheater zugedachten› ‹Letzten Tagen der Menschheit› handelt es sich auch in ‹Furcht und Elend des Dritten Reiches› um kein durch eine Handlung gebundenes Werk, sondern um eine Reihe verschiedenster, scheinbar unzusammenhängender Szenen, deren gemeinsames, im Titel des Werkes ausgesprochenes Thema aber vom ersten bis zum letzten Wort fühlbar bleibt. Entsprechend dem marxistischen Standpunkt, zu dem Brecht sich bekennt, verzichtet er – im Gegensatz zu der apokalyptischen Konzeption der ‹Letzten Tage der Menschheit› – auf jeden metaphysischen Hintergrund. Was aber die dichterische und vor allem die zeugnisgebende Bedeutung von ‹Furcht und Elend› betrifft, so ist eine tiefe Beziehung zwischen Brecht und dem großen Toten unverkennbar. Wie Kraus einmal den oft gehörten Angriff, er sei ein Vogel, der sein eigenes Nest beschmutze, mit dem Wort zurückwies, er sei ‹ein Vogel, *den* sein eigenes Nest beschmutzt›, so setzte Brecht über das Gedicht ‹Deutschland› [das mit seiner Einwilligung unsere Aufführung beschließt] das Motto: ‹Mögen andere von ihrer Schande sprechen, ich spreche von der meinen.›

Ganz gewiß wäre es ein Irrtum, Kraus und Brecht nur eine zeitgebundene oder etwa nur für Österreich und Deutschland gültige Bedeutung zuzubilligen und die Augen vor der beklemmenden, aber unleugbaren Tatsache zu verschließen, daß überall und immer wieder geschehen kann, was dort geschah. Der Kampf gegen die Hydra, die unsere Generation unter dem Namen des Nationalsozialismus kennen gelernt hat und die morgen andere Namen tragen mag, ist in der Welt noch keineswegs beendet. ‹Die Freiheit von Furcht› – sie liegt noch in weiter Ferne.

Die Furcht und das Elend des noch im Untergang alles um sich her physisch wie geistig vernichtenden Dritten Reiches bedeuten für die ganze Welt eine Lehre, was aus dem Bilde des Menschen werden kann, wenn er die Gewalt einmal über sich duldet und das große ‹*Nein*›, mit dem Brecht seine Szenenfolge schließt, zu spät sagt. Brecht hat dieses Nein 1938 geschrieben wohl in der trügerischen Hoffnung, die Mehrheit des deutschen Volkes möge es noch rechtzeitig aussprechen. Aber die Gewalt hatte die Zügel schon viel zu fest im Griff. Und ist es einmal so weit gekommen – das lehren ja alle ‹Schuld›-Diskussionen – dann gibt es keine Entscheidungsmöglichkeit mehr, die nicht zugleich um Tod und Leben ginge, dann herrschen Furcht und Elend als einzige Götter, dann gilt in einer Welt, in der nun einmal die wenigsten zum Märtyrertum geschaffen sind, das bittere Wort: ‹Wehe dem Lande, das Helden nötig hat!› [Brecht, ‹Galilei›]. Und weil Brechts Szenenfolge nicht um billiger, aktueller Sensationen willen geschrieben ist, wie die Dutzendfilme unserer Tage, auch nicht verzerrt von einem ungeklärten, geistlos verallgemeinernden Haß, sondern gesehen mit dem offenen, scharfen Auge eines, der sein Land auch im Verhängnis und das Bild seiner Menschen auch in der Ferne kennt und liebt, darum kann dieses Werk keinesfalls als unaktuell oder in negativem Sinne tendenziös beiseite geschoben werden.

Darum spielen wir in der Schweiz Brechts ‹Furcht und Elend des Dritten Reiches›. Wir spielen es um seiner weit über das deutsche Verhängnis hinausreichenden Gültigkeit und auch um des schlechten Gedächtnisses der Welt willen, die –

ange genug – ertragen hat, daß Furcht und Elend im Herzen Europas regierten, aber heute allzu oft nichts mehr davon wissen will. ‹Denn über alle Schmach des Krieges› – so schrieb 1918 Karl Kraus, und es gilt heute wie damals – ‹geht die der Menschen, von ihm nichts mehr wissen zu wollen, indem sie zwar ertragen, daß er ist, aber nicht, daß er war!› Und schließlich spielen wir es im Gedenken und zu Ehren aller, die auf verlorenem Posten gekämpft, gelitten und in der Nacht der Hoffnungslosigkeit ihr Leben für uns alle und für die Zukunft geopfert haben. Möge unsere Aufführung ein bescheidener Beitrag sein, daß diese Opfer, deren anonyme Größe nicht heller leuchten kann als vor dem wahrhaftigen Bilde der Finsternis, nicht umsonst waren.»

Kurz bevor Brecht Zürich verließ, spielten wir am Zürcher Schauspielhaus ein historisches Stück von Carl Zuckmayer: «Der Schelm von Bergen», keines seiner besten Stücke. Brecht, der auf der Generalprobe war, kam danach auf die Bühne geschlendert, die Hände in den Taschen, mit einem halb lustigen, halb verlegenen Gesicht. Was würde er Zuckmayer sagen? Zuckmayer ging Brecht auch sofort mit der heiklen Frage an: «Na, Bert, wie gefällt es dir?» Brechts Augen irrten über die Bühne und fanden eine zum Stück gehörende Ritterausrüstung. Er eilte darauf zu, setzte sich den Helm auf, ließ das Visier herunter, und so hörte man ihn hinter dem Blech scharf und akzentuiert sagen: «Mir als altem Ritter gefällt es vorzüglich!» Womit wirklich alles gesagt war.

Als er in Ost-Berlin sein eigenes Theater eröffnete, erhielt ich von ihm die freundlichsten und ehrenvollsten Anträge. Ich schrieb ihm zurück, er wisse, daß ich nicht von Karl Marx herkäme, sondern von der Bibel. Er antwortete, ich müßte bei ihm keine politischen Stücke spielen. Ob ich z. B. bereit wäre, bei ihm «Richard III.» zu spielen. Ich sagte mit Freuden ja. Da gestand er ehrlicherweise, daß er das Stück aber erst bearbeiten würde, woraufhin ich meinerseits erklärte, daß ich dann erst die Bearbeitung kennen lernen müßte. Denn ich hatte gerade in Zürich seine «Bearbeitung» der sophokleischen «Antigone» und seine Vermischung von Hölderlinschen und Brechtschen Versen erlebt und leidenschaftlich abgelehnt. Als wir darüber diskutierten, sagte er: «Kein Mensch kann feststellen, wo Hölderlin aufhört und wo ich beginne. Bitte machen wir die Probe aufs Exempel!» Nun mußte ich ihn leider bitter desavouieren, denn ich konnte ihm jede Stelle mit Genauigkeit nachweisen. Ich war aber ehrlich genug, ihm zu sagen, daß ich gerade vor einem halben Jahr die Hölderlinsche «Antigone» inszeniert hätte. Da erklärte er: «Das ist unlauterer Wettbewerb.» Aber jedenfalls, für ein Engagement bei ihm standen meinerseits zu viele Hindernisse im Wege. Dabei hätte ich leidenschaftlich gerne mit ihm gearbeitet, denn er war nicht nur unser größter zeitgenössischer Dramatiker, sondern auch – zumindest für alle jene Stücke, die seinem sehr persönlichen Stil entsprachen – einer der größten Regisseure.

Jetzt muß ich freilich Ansichten aussprechen, die mir alle Dogmatiker der Brechtschen Bühnentheorien nicht verzeihen werden. Ich behaupte nämlich, daß alle die vielen Thesen Brechts über den Verfremdungseffekt, über das lehrhafte Wesen des Theaters, über das «Zeige das Zeigen» von ihm selbst in seiner eigenen Regiearbeit aufs großzügigste interpretiert worden sind. Was immer ich an Aufführungen von ihm sah, wo immer ich seiner Regiearbeit fasziniert zuhörte oder zusah, ging es immer um intensivstes, ehrlichstes, genauestes Theaterspiel. Seine Lieblingsschauspieler waren immer füllige, von echtem Leben strotzende Persönlichkeiten. Sein Theater war ein von falschem Gefühlsfett befreites Theater, das gewiß. Die Brechtschen Gefühlsäußerungen sind schamhaft, vergeistigt und sehr innerlich. Aber es wäre ein großer Irrtum zu meinen, es gäbe sie überhaupt nicht.

Mir fällt dazu eine Berliner Begegnung ein, die für mich nach der anfangs geschilderten Nacht, in der der junge Brecht seine Lieder sang, die zweite war: Ich hatte in «Tai-Yang erwacht» von Friedrich Wolff bei Piscator als Gast einen alten chinesischen Philosophen zu spielen, der sich am Ende des Stückes zu erstechen hat, weil er einsieht, daß sein Pazifismus praktisch fruchtlos ist. Wie jeder junge Schauspieler so einen Selbstmord ausführen würde, holte ich mit dem Dolch in der rechten Faust weit aus und stieß ihn mir mit einem Schwung in die Brust. Nach der Probe kam der Mann in der Lederjacke, den ich seit damals nicht wiedergesehen hatte, zu mir und sagte sehr höflich: «Entschuldigen Sie bitte, Sie scheinen mir ein sehr begabter junger Mensch zu sein, mein Name ist Brecht, darf ich Ihnen einen kleinen Rat geben? Sehen Sie, so wie Sie sich erstechen, so ersticht sich a jeder. Aber der feine Künstler, verstehn's, der feine Künstler, der macht's so:» und jetzt nahm er mir den Dolch aus der Hand, holte wie ich mit großem Schwung aus, führte den Dolch aber im Schwung nur so weit, daß die Spitze seine Brust berührte, und dann: «jetzt kommt der Knochen», sagte er, und nun führte er das letzte Stück des Dolches langsam, wie mit Mühe, in die Brust. – Er hat nicht gesagt: «Zeigen Sie dem Publikum, daß Sie sich nicht wirklich erstechen», sondern er hat mir im Gegenteil lediglich die äußerste Genauigkeit und Natürlichkeit des Vorganges gezeigt, wobei noch durch die zwei verschiedenen Rhythmen des Zustoßens eine merkwürdige Musikalität zugleich mit der realistischen Wirklichkeit in diese Aktion kam.

So fest ich überzeugt bin, daß die Brechtschen Thesen über

das epische Theater für unsere Zeit richtig sind, so überzeugt bin ich auch, daß die Thesen über den V-Effekt höchst unfruchtbar, jedenfalls sehr gefährlich sind. Brecht selbst hat sich niemals dogmatisch daran gehalten. Seine Aufführungen waren in keiner Weise kühler, distanzierter als das sonst übliche Theater, sondern lediglich vergeistigter, wodurch der Zuschauer weit mehr in echteste Spannung gerissen wurde als bei dem durchschnittlichen vordergründigen Theater. Brechts Wunsch, der Zuschauer möge distanziert, abwägend, kritisch [am liebsten mit der Zigarre im Mund] den Vorgängen auf der Bühne folgen, ist nie so schwer zu realisieren gewesen, wie bei seinen eigenen atemraubenden Inszenierungen. Sein Wunsch z. B., der Zuschauer möge das Verhalten der «Mutter Courage» kritisch und politisch betrachten, ist schlechthin unerfüllbar. Diese Mutter Courage ist eine derart lebenstrotzende Figur, im Guten und Bösen, daß das Mitgefühl mit ihr bei jedem natürlichen Menschen immer stärker sein wird als die politische Kritik an ihrem Verhalten. Brechts Münchner Inszenierung des Stückes mit Therese Giehse, Domin, Lühr und andern jedenfalls gehört für mich zum aufregendsten, unmittelbarsten, realistischsten Theater, das ich in meinem Leben gesehen habe.
Und ebenso wie mit der Mutter Courage, die dem Dichter vielleicht gegen und über seine Intentionen hinaus kreatürliches Leben gewonnen hat, ist es auch mit der Figur der Shen-Te im «Guten Menschen von Sezuan». Brecht hat sich alle Mühe gegeben, die Götter zu entgöttlichen, zu parodieren. Welch ein Geheimnis, daß trotzdem der letzte Aufschrei der verzweifelten Shen-Te «verlaßt mich nicht, meine Götter!» als religiöser Aufschrei in den Herzen der Zuschauer nachklingt. Kein Zufall, daß der kommunistische Teil unserer Zürcher Kollegen das Stück damals erbittert ablehnte. Es gibt eben tatsächlich dichterische Wirkungen,

die, durch eigene elementare Kräfte, über den Willen des Dichters hinausgehen.

Brecht war eine durchaus ambivalente Persönlichkeit. Es könnte ihm nichts Fataleres geschehen, als daß man jeden seiner theoretischen Sätze zum Dogma erhebt, wie es blutlose Meisterschüler von ihm gerne tun. Seine Dichtungen werden noch gespielt werden, wenn seine Kunsttheorien – und er war ja ein fanatischer Theater-Theoretiker – längst der Vergangenheit angehören.

Und ob er es will oder nicht, werden in alle Zukunft den Menschen, die ein Herz im Leibe haben, bei Gedichten wie der «Ballade vom toten Soldaten», dem «Kinderkreuzzug» oder dem großen Gedicht «An die Nachgeborenen», um nur diese wenigen Beispiele aus der Fülle des Erschütternden zu nennen, die Augen feucht werden.

Wenn es etwas so Absurdes gäbe, wäre ich versucht zu sagen: Dieser Bert Brecht war ein Dichter wider Willen. Ein großer Dichter.

Und so, wie heute Heinrich von Kleists politische Radikalitäten, sein «Katechismus der Deutschen», seine «Hermannsschlacht» und anderes nur noch für Literaturhistoriker von Interesse sind, ohne daß die Größe Kleists Einbuße erlitte, oder: Wie die senile Hitlerschwärmerei des alten Hamsun nicht verhindern wird, daß seine großen Romane [«Segen der Erde», «Mysterien», «Hunger» u. a.] die privaten Schwächen des Dichters siegreich überleben werden, so wird in der Zukunft, wenn Brechts Stalinhymne und manche andere seiner knochendürren Parteidichtungen längst vergessen sind, der Name des großen Lyrikers und Dramatikers, der Bertolt Brecht war, unerschütterlichen Bestand haben.

«Eine große Dichterin», sagte Brecht zu mir, als ich den Band «Dichtungen und Dokumente», gewissermaßen als Vorläufer für die dreibändige philologische Else-Lasker-Schüler-Ausgabe, die Friedhelm Kemp besorgt hat, herausgab. Und ich denke mit Freude an diese Stellungnahme Brechts, weil sie seine Undogmatik aufs schönste beweist. Denn es kann keinen größern Gegensatz geben, als den zwischen dem atheistischen, dialektischen, marxistischen Brecht und der frommen, alle Logik verlachenden, nur ihrer Intuition hörigen Jüdin Else Lasker-Schüler. Wenn Brecht seine dichterische Arbeit mit Theorien und Doktrinen untermauerte und ummauerte, als wolle er sich gegen alles Unvorhergesehene, Unkontrollierbare abschirmen, so betonte Else Lasker-Schüler geradezu mit Stolz, in welchem Maße sie dem Glück und dem Elend der strömenden oder sich versagenden Inspiration ausgesetzt und ausgeliefert war.

Sie hat einmal geschrieben: «Ich bin nur eine Dichterin, vielmehr – es wird in mir gedichtet, es dichtet in mir. Der Dichter beabsichtigt beim Dichten seiner Dichtungen überhaupt nie etwas. Er muß eben dichten ... Je andächtiger lauschend er seinem Engel und hingebender angehört, desto wertvoller und tiefer seine Dichtung. Die Menschen nennen diesen Zustand: Inspiration.
Der Dichter ist eben etwas Pflanzliches. Er gleicht dem Baum, der Früchte trägt, an dem es blüht im Lenz. Der denkt auch nicht darüber nach, wer sich im Sommer kühlt unter seiner schattigen grünen Laub-Symphonie, wer seine Herzkirsche pflückt ... gar – sich erhängt an seinem Stamm.

Im Dichter wird gedichtet!! Er kann sich selbst nichts vornehmen zu dichten, sich nicht einmal den Stoff seiner Dichtung aussuchen, wie man sich die Seide zu seinem Kleide wählt. Im Dichter wächst der Stoff; der fertige Vers, ob rauh wie eine Nuß oder süß wie ein Paradiesapfel, fällt ihm in den Schoß, genau wie die Birne reif vom Zweige eines Baums in den Rasen fällt. Ja plötzlich streift ein wetternder Vers, ein feuriger oder ein sanftschmeichelnder, des Dichters Leben. Genau wie es dem Baum oder dem Strauch ergeht, erlebt der Dichter Blütezeit und Herbst, geplündert von den launigen Stürmen der Welt ...
Immer ergab ich mich blind der starken Führung der Eingebung ...
Es gestaltete sich stets ohne mein Dazutun in mir meine Dichtung ...
Ich habe eigentlich nie etwas mit meinen Dichtungen gewollt ...
Und doch ruht es nicht in mir, bis ich den kleinsten Vers, der sich formte, in mir verewigte. Er bietet ebenso wie der längste Roman oder das dauerndste Theaterstück dem Dichter eine kleine Weile Heimat. Die Dichtung ist ja die betreuende Liebe selbst, man kann nicht genug von ihr pflükken.
Womit schreibe ich eigentlich meine Verse? Mit der Hand der Seele – mit dem Flügel.»

Ich selbst habe eine ergreifende Bestätigung der Wahrheit dieser ihrer Worte erlebt.
An einem frühen regnerischen Zürcher Morgen, den ich nie vergessen werde, läutete es etwa um 6 Uhr an unserer Tür. Als ich öffnete, stand draußen sichtlich erregt und verstört Else Lasker-Schüler, das nasse Haar ins Gesicht hängend. Sie entschuldigte sich für ihr frühes Kommen und

bat, mir ein Gedicht vorlesen zu dürfen, das in dieser Nacht entstanden sei. Ich bat sie hereinzukommen. Sie setzte sich, durchnäßt wie sie war, mit Mantel und Tigerfellmützchen auf die Couch und las mir das Gedicht «Die Verscheuchte» vor – damals noch unter dem Titel «Das Lied der Emigrantin». Dann fragte sie mich abrupt: «Wie finden Se dat?» Ich äußerte meine Erschütterung, aber sie unterbrach mich schnell: «Nein, nein! Nich ob et Ihnen jefällt, sondern» – und sie zeigte auf einen bestimmten Vers – «wat heißt denn dat hier? dat hier?» In der Annahme, die Dichterin wünsche nur eine Bestätigung für die Klarheit ihrer Worte, erklärte ich, was ich als Gehalt dieser Stelle verstand. Da sah sie mich mit ihren großen Augen an und meinte staunend, in dem singenden Tonfall ihres Elberfelder Dialektes: «Ja, Jung, so kann dat jemeint jewesen sein!»

Ich habe Else Lasker-Schüler im Berlin der zwanziger Jahre kennen gelernt. Meine Frau und ihre Eltern waren schon seit Jahrzehnten mit der Dichterin befreundet. Zunächst wurde ein Zusammentreffen im Romanischen Café verabredet. Bereits nach den ersten fünf Minuten erlebte ich eine Szene, die wert ist, berichtet zu werden: Ein ihr unbekannter Verehrer der Lasker-Schülerschen Gedichte trat an unsern Tisch und erging sich in einem zugleich demütigen und zudringlichen Erguß von Begeisterung über ihre Lyrik. Er bat, sich zu uns setzen zu dürfen. Aber Else Lasker-Schüler, die während seines Redeschwalls die Augen rollte und, die Hand auf der Brust, wie asthmatisch geatmet hatte, sagte: «Bitte jehn Se wech! jehn Se wech! Wissen Se, für mich is jeder Mensch en Buch, un eck kann jetz nich lesen!»
Else Lasker-Schüler zog alles Ungewöhnliche an. Oft erzählte sie abenteuerliche, unglaubhafteste Dinge, die man sich mit höflichem Erstaunen anhörte. Aber seltsamerweise

hatten die unglaubhaftesten Geschichten meist einen durchaus wahren Kern.

Als sie nach jenem Kaffeehaustreffen das erste Mal zu uns nach Hause eingeladen war, ging die Mutter meiner Frau, kurze Zeit bevor unser Besuch kam, noch einmal fort, um eine Flasche Wein zu kaufen. Unglücklicherweise nahm sie den Wohnungsschlüssel mit und schloß von außen ab, so daß wir, als Else Lasker-Schüler an unserer Tür läutete, nicht öffnen konnten. Verlegen baten wir sie von innen um Entschuldigung und erklärten ihr den Grund dieser Situation. Zugleich sagten wir ihr, daß das Licht im Hause nach drei Minuten ausgehen würde, so daß sie leider im Dunkeln warten müsse, bis unsere Mutter zurückkäme. Sie erklärte: «Dat macht garnix. Eck pfeiff mer eins.» Und tatsächlich; als das Licht ausging, setzte sie sich auf die Treppe und pfiff «Hänschen klein». Teils aus Verlegenheit, teils durch das Groteske der Situation gereizt, mußten meine Frau und ich hinter der Tür herzlich lachen. Zugleich befürchteten wir bei der uferlosen Phantasie der Lasker-Schüler, daß sie hinter allem eine Absicht wittern könnte. Da kam meine Frau auf die Idee, ihr zu sagen, daß man vom hintern Aufgang des Hauses durch ein großes Fenster, das wir öffnen würden, in die Toilette unserer Wohnung einsteigen könne. Ob wir ihr diese Mühe zumuten dürften, denn wir wüßten nicht, wann unsere Mutter zurückkäme. Sie erklärte sofort: «Dat mach eck. Eck bin ja 'n Indianer.» Und so betrat die Dichterin auf diesem höchst ordinären Wege zum ersten Mal unsere gastliche Wohnung. Sollte sie später irgend jemandem erzählt haben: «Die Ginsbergs wollten mich aussperren. Da bin eck aber einfach wie'n Indianer durchs Closettfenster bei ihnen einjestiegen», dann würde das niemand geglaubt haben, obwohl es zur Hälfte der Wahrheit entsprach.

Als sie sich an diesem Abend von uns verabschiedete, sagte

sie plötzlich klagend: «Eck wollt, eck wär in meim Hotel. Da werd eck vorher immer jeschlagen.» Wir nahmen das natürlich auch für Phantasie. Aber als die Mutter meiner Frau, die die Dichterin im Taxi begleitet hatte, zurückkam, berichtete sie in heller Aufregung: «Denkt euch, nachdem die Lasker-Schüler ausgestiegen war, sah ich, während das Taxi mit mir davonfuhr, daß vor dem Hotel zwei große Lümmel auf die Lasker-Schüler warteten und sie hin und her pufften, während sie, die Hände ängstlich erhoben, ins Hotel flüchtete.» ... Vorboten der Hitlerei!

Ein ganz anderes absonderliches Abenteuer hatte die Mutter meiner Frau mit Else Lasker-Schüler in Zürich. Die alte Dichterin forderte sie auf, mit ihr zu Jelmoli zu gehen. Dort dürfe sie ohne Bezahlung mitnehmen, was sie wolle. Neugierig, aber doch mit einigem Herzklopfen, ging meine Schwiegermutter mit der Lasker in das große Kaufhaus. Dort schlenderte die Lasker von Tisch zu Tisch, bis sie plötzlich vor einem Lager mit hübschen Fichus stehen blieb. Sie suchte eines aus, nahm es ruhig vom Verkaufstisch, winkte dem gerade mit einer andern Käuferin beschäftigten Fräulein zu, das ihr freundlich zurückwinkte, und ging mit meiner erstaunten Schwiegermutter davon.

Später erfuhren wir, daß der Besitzer des Warenhauses an der Dichterin einen Narren gefressen und ihr tatsächlich für bestimmte Artikel diese Freiheit erlaubt hatte.

Aber Else Lasker-Schüler zog nicht nur das Ungewöhnliche an, sie hatte zweifellos auch so etwas wie einen sechsten Sinn! Wie war es sonst zu erklären, daß sie, die keine Ahnung von meinen Konversionsabsichten hatte, mich seit unserer ersten Begegnung im Romanischen Café immer nur mit «lieber Kaplan» anredete? Oder woher konnte sie, die völlig Unpolitische, im Jahre 1939 die Erkenntnis haben: «Glauben Se mir, lieber Kaplan, wir dürfen uns mit Hitler jar keene Illusionen machen. Der is nich zu stürzen. Nur» –

und sie hob den Finger und schaute uns geheimnisvoll an – «die Jeneräle! die Jeneräle! die sin unsere einzige Chance!» Damals ahnte niemand etwas vom 20. Juli ...

Einer ihrer bezauberndsten Züge war ein kindlicher, schelmischer Humor. Sie konnte zwar in einem echten Sinne sehr feierlich sein. Aber manchmal wurde sie unvermittelt listig-lustig wie ein Kind. Vor ihrer Reise nach Israel sagte sie zu mir: «Wat sagn Se, Kaplan, nu hab eck mein Leben lang von Israel jedichtet. Un nu komm eck wirklich hin. Denken Se, wenn eck morjens aufwache, un dann hör eck draußen ‹klingling›, ‹klingling›, ‹klingling›, un dann jehn unten richtje Kamele vorbei – oder glauben Se, et jibt jar keene mehr un eck bin dat einzje?»

Ich habe sie nicht mehr wiedergesehen. Dennoch habe ich auf eine Weise, wie sie zu Else Lasker-Schüler paßte, nach ihrem Tode einen Gruß von ihr empfangen. An dem Tage, an dem das schon erwähnte Buch «Auswahl aus ihren Werken», die ich besorgt hatte, erschien – wohlgemerkt: an demselben Tag –, rief mich ein Bekannter an und fragte, ob ich alle Werke der Else Lasker-Schüler besäße. Ich sagte, daß ich glaubte, alles zu besitzen. Er fragte: «Auch jenes nur in wenigen hundert Exemplaren erschienene Buch ‹Theben›, in dem sie, als es ihr einmal sehr schlecht ging, handgeschriebene Gedichte und eigenhändige Zeichnungen veröffentlicht hat?» Ich sagte, daß ich derlei Raritäten natürlich nicht besäße. Mein Freund erklärte, er könne mir die Freude machen, mir eines dieser seltenen Exemplare zu beschaffen, er habe es bei einem Zürcher Antiquar gesehen und für mich reservieren lassen. Es habe freilich einen Schönheitsfehler: wie alle diese Bücher trüge auch dieses auf der ersten Seite eine persönliche Widmung der Lasker. Ich erklärte, daß mich das nicht stören würde.

Wenige Stunden später hielt ich das kostbare, blau eingebundene Buch in der Hand. Ich schlug es auf und las –

keine namentliche Widmung, wie ich erwartet hatte, sondern den Satz: «Demjenigen, der dieses Buch erwirbt, Glück und Freude fürs ganze Leben!» – Das war Else Lasker-Schülers Dank und Abschiedsgruß.

«Es steigen Monde aus verstaubten Himmelstruhen» – an diesen Vers aus einem ihrer spätesten Liebesgedichte mußte ich denken, als mir Jahre nach ihrem Tode das Folgende begegnete:

Das Zürcher Kunsthaus ersuchte mich, ein paar im Keller des Hauses lagernde Koffer zu übernehmen, die Else Lasker-Schüler vor ihrer letzten Abreise nach Jerusalem, von der sie nicht mehr zurückkehren sollte, dort eingestellt hatte, da der Keller wegen des Umbaus geräumt werden müsse und niemand sonst für diese Koffer Interesse habe. Kurz vor Weihnachten des Jahres 1957 fand ich endlich Zeit, dieser Aufforderung nachzukommen. Und so stand ich eines Tages vor vier Koffern, die mit dem großschriftigen Namenszug der Dichterin gekennzeichnet waren. Nicht ohne Befangenheit ging ich daran, die Schlösser der Koffer zu öffnen. Ich gedachte der herben Scheu, mit der Else Lasker-Schüler immer jeder Berührung privatester Bezirke auszuweichen pflegte. Aber dann gedachte ich auch so vieler Beweise ihres Vertrauens und ihrer Freundschaft und tat, was getan sein mußte. Ich öffnete die vier Kofferdeckel. Drei der Koffer waren bis zum Rande gefüllt mit Zeichnungen des frühverstorbenen Sohnes der Dichterin, Paul Lasker-Schüler. Aber der vierte Koffer, ja, der vierte Koffer – «Es steigen Monde aus verstaubten Himmelstruhen ...» Hier war Else Lasker-Schüler gegenwärtig. Schon der Deckel des Koffers: kreuz und quer beklebt mit den farbigen Hotelzetteln einer symbolhaften Lebensreise: Elberfeld, Wien, Zürich, Berlin, Kolberg, Königsberg, Leipzig, Köln, Stuttgart, Frankfurt, Hamburg, London, Kairo, Alexandrien, Jerusalem. – Und nun der Inhalt! Wenige Kleidungsstücke, sauber gefaltet, darunter die schwarze Samtjacke, die sie immer trug, wenn sie bei Kerzenlicht ihre Gedichte vorlas – im unnachahmlichen und unvergeßlichen Tonfall eines Elberfelder Kindersingsangs, rätselhaft gemischt mit visionär-alttestamentarischer Litanei –, auch das Tigerfellmützchen, in dem sie sich wohl ganz als «Prinz Jussuf von Theben» fühlte. Dann sorgfältig verschnürte Schachteln, Schächtelchen und Säckchen, gefüllt mit bunten Knöpfen, schillernden Glaskugeln, glitzernden Perlen, Kästchen und Kartons voll gelber, blauer, roter, grüner Samt- und Seidenfetzchen, Bänder und Federn – das Spielzeug der Einsamen. Dann bedrohliche Stöße von Hotelrechnungen aus aller Welt; auf einigen das erleichternde Wort: «alles bezahlt.» Aber auf dem größten Stapel Rechnungen des Hotels «Sachsenhof» in Berlin, Motzstraße, steht mit förmlich jubelnden Buchstaben verkündet: «Der großartig noble Herr Münch hat mir erlassen zu zahlen. Er ist ein Gentleman.» Dann ein leider fast verblichenes Kinderbild der Dichterin sowie Photographien des Sohnes Paul. «Immer wieder wirst du mir im scheidenden Jahre sterben, mein Kind, wenn das Laub zerfließt und die Zweige schmal werden» – so beginnt das berühmte Gedicht «An mein Kind». Viele kleine Zeichnungen und ordentlich gebündelte Briefe und Karten von Max Reinhardt, Heinrich Mann, Klaus Mann, Gottfried Benn, Franz Werfel, Arnold Schönberg, S. von Radecki, Paul Zech und vielen anderen. Stöße von Korrekturbögen. Eine einzelne, alte zerkratzte Grammophonplatte mit der «Barcarole» aus «Hoffmanns Erzählungen» von Offenbach. Wenige Bücher: Baudelaire, ein paar Bände Swedenborg, einiges über die Kabbala, Thomas Manns großer Brief an den Dekan der Philosophischen Fakultät der Universität Bonn vom Neujahr 1936/1937, zahllose Hefte und Blocks mit Adressen, Adressen ...

Und schließlich das Kostbarste: verstreut in Notizbüchern,

Schulheftchen und losen Blättern unbekannte Verse, davon viele gestrichene Versuche: ergreifende Wünschelrutengänge auf der Suche nach dem wahrsten Wort, dem innerlichsten Reim, Fragmente und auch zwei offenbar abgeschlossene Vers- und Prosadichtungen sowie ein großer Brief an die Redaktion der «Neuen Zürcher Zeitung», der über das Wesen dieser Dichterin die tiefsten und reinsten Aufschlüsse gibt. Er wurde geschrieben, weil ihr Schauspiel «Arthur Aronymus und seine Väter» bei der Zürcher Uraufführung im Jahre 1936 bereits «politisch» wirkte und daher von der Kritik als «tendenziös» mißverstanden wurde, so daß es nach zwei Vorstellungen, trotz größtem Publikumserfolg, abgesetzt wurde – ein furchtbarer Schlag für Else Lasker-Schüler.

Dieses Werk, das den Untertitel «Aus meines geliebten Vaters Kinderjahren» trägt und von dem unsere Dichterin einmal sagte, ihr toter Großvater habe es, hinter ihrer linken Schulter stehend, ihr in die Feder diktiert, ist 1932, also vor Hitlers Regierungsantritt geschrieben worden. Die äußere Fabel, eine wahre Begebenheit aus der Zeit des Biedermeier, ist einfach und anspruchslos: In Hexengäsecke, einem katholischen Dorf Westfalens, lebt der fromme jüdische Gutsbesitzer Schüler mit seinen 23 Kindern. Eines davon, die kleine Dora, hat den Veitstanz und wird darum von abergläubischen Dorfleuten als Hexe verlästert. Pogromstimmung flackert im Dorf und im Land auf und bedroht das bisher idyllische Zusammenleben von Juden und Christen. Aber der Bischof von Paderborn und der Kaplan Bernhard Michalsky, von den Dorfkindern in heimlicher Schwärmerei «Bernardchen» genannt, ersticken die Flamme, ehe sie Unheil anrichten kann. Das letzte Bild sieht Christen und Juden, Neues und Altes Testament wieder in inniger Versöhnungsfeier.

Welch ein Thema! Und mit welch seherischer Ahnung all

des unsagbaren heraufziehenden Unheils ist es gestaltet! Und doch wird kaum ein lautes Wort gesprochen. Nirgends ist die poetische Vision des dörflichen Biedermeier in ihrer Reinheit durch irgendwelche Aktualitäten verletzt.
Eine Welt von altväterischem Humor, von Zärtlichkeit und frommer Weisheit besänftigt noch die angstvollsten Träume der Dichterin. Das Grauenhafte betritt nirgends leibhaftig ihre Bühne. Wir vernehmen nur die Worte der Furcht vor dem, was droht: «Unsere Töchter wird man verbrennen auf Scheiterhaufen ... Die Tage sind gehetzt und die Nächte ruhelos ... Der Hexenglauben ist auferstanden ... aus dem Schutt der Jahrhunderte ...!» Wir hören das fast anmutig klingende, böse Hexenliedchen, von unsichtbaren Hetzern vor allen Fenstern angestimmt. Wir erleben die Schuld der Erwachsenen nur im tragikomischen Zerrspiegel des Kinderspiels: Christliche und jüdische Dorfkinder, «unnütze Spatzen», spielen in trautem Verein Hexenverbrennen. So unwiderstehlich komisch ist trotz seiner furchtbaren Hintergründigkeit dieses Treiben, daß selbst der hochwürdige Bischof als heimlicher Zuschauer in Lachen ausbricht, «zumal aus dem Herzen des Kindes des Lachens Quelle entspringt – und wie bitter sie des öftern mündet ...» – Wie bitter ist sie in den vergangenen Jahren gemündet!
Es ist unmöglich, den Zauber der Gestalten und ihrer Beziehungen zueinander mit wenigen Worten wiederzugeben. Da sind die Armen des Dorfs, von Vater Schüler dem Bischof vorgestellt: der Nachtwächter Altmann, halb Jude, halb Christ, «er bläst mit seinem Horn allabendlich die Kinder Gäseckes in den Schlummer»; der Handwerksbursche Nathanael Brennessel, «unser Weltenbummler ... ein nimmermüder Wanderer ... Pan! nannte ihn der berühmte Vater meiner Gattin Henriette»; oder der Hausierer Lämmle Zilinsky: «Die Schulbübeli, wenn sie mich nur in Frieden lassen würden, gütigster Herr Kaplan! Ihre Gendarms mein-

ten schon, wenn ich mer die Lockerl meine unterm Hut stecken tät und den langen Rock, vom Vater selig, eintauschen tät für einen neumodischen Frack, dann hätt ich Ruh!»; die drei Lumpensammler Perlmutter, von denen es schonend heißt: «Sie sammeln die Antiquitäten des Dorfs ...» Dann das schöne Judenmädchen Fanny, das für den Kaplan schwärmt. Und zwischen allen herumtollend, lausbübisch und voller Phantasie, das fünfzehnte der Kinder, Arthur Aronymus, der kleine Botengänger zwischen der jüdischen und der christichen Welt. Diskretes und Indiskretes im schönsten Elberfelder Dialekt munter ausplaudernd und nur sein eigenes Innerstes in holder Scham verbergend. Welch entzükkende Knabengestalt! Und wie begreiflich, daß der Kaplan Bernhard, der dieses Kind, das er so gerne der Kirche zuführen möchte, im unseligen Mißverständnis eines Augenblicks mit dem Wort «Du willst doch nicht gar ein dreister Judenjunge werden» verwundet hat, unter Tränen betet: «Vergib mir armem Sünder, Jesus Christus, diese giftige Muschel! Längst geläutertes Blut trieb sie an den Strand meiner Lippen ...»! Mit welch genialer Sicherheit hat die jüdische Dichterin die Atmosphäre des katholischen Pfarrhauses eingefangen! Zu welcher zart bezwingenden, völlig unsentimentalen Gewalt erheben sich ihre Szenen! Und wie deutsch, wie in jenem edelsten, lautersten und, ach, so fernen Sinne heimatlich und deutsch ist diese westfälische Dichtung ...

Und wie tief wurde sie verkannt! – Dabei stand die Aufführung unter einem besonders glücklichen Stern. Unser Bühnenmaler Teo Otto, wie Else Lasker-Schüler im Bergischen Land beheimatet und ihr wie ein Bruder zugetan, zauberte die vollkommene Verwirklichung des dichterischen Phantasiespiels auf die Bühne. Die Besetzung der Rollen unter der Regie von Leopold Lindtberg war denkbar glücklich: Kalser als alter Rabbiner, Horwitz als Bischof, Langhoff als Kaplan, Steckel als Vater Schüler, Grete Heger als Arthur

Aronymus – um nur die wichtigsten Gestalten zu nennen. Die mitspielenden Schweizer Kinder verwandelten sich in echte Eberfelder «Jöhren». Die Bühne war voll Gezwitscher. Und zudem stand Weihnachten vor der Tür. –
Und trotz alledem fiel das Stück durch. Die wenigsten waren, im Lärm der Zeit, hellhörig genug, im zarten Gleichnis die Gewalt der Prophetie zu vernehmen. Die wenigsten ahnten, daß die Traumängste der Dichterin schon im Begriff waren, sich in blutige Wahrheit zu wandeln; die wenigsten wollten ernsthaft glauben, daß «der Teufel das ewig jung bleibende böse Element ist» und daß «ein Hirt, und wären es etliche Wachter, nichts vermag gegen eine bissige Herde». Und dann war es nicht mehr Dichtung, sondern nur noch Wirklichkeit: «Kein Judenhaus, das nicht gezeichnet ist mit dem Blut der Tochter!» Wem aber bewußt war, daß es so und nicht anders kommen müsse und werde, der konnte nur mit Erschütterung den Schluß des Werkes mitansehen, jene Beschwörung des Friedens, die den Bischof und den Kaplan als hohe Gäste an der festlichen Tafel der Pessach feiernden armen und reichen Juden sieht.

«*Bischof [umarmt Arthur Aronymus:]* Ich segne das alte Volk Israel. Unser Herr Jesus sagte zu Kapharnaum: ‹Viele werden von Osten und von Westen kommen und mit Abraham, Isaak und Jakob im Himmelreiche zu Tische sitzen.› Jedes der Kinder Israels versinnbildlicht so eine kleine Thorah im samtenen Tragkleide, aber eine von den kleinen Thoroth trägt Silberschellen um den Hals. Mich dünkt *[er streichelt die Haare Arthur Aronymus']*, die ist's!
Alle [sind tief gerührt]
Bischof [zum Kaplan]: Er ist dir wahrlich entkommen, armes Bernardchen. Aber tröste Dich, mein guter Sohn in Christo, der alte Gott Israels läßt die Seelen seiner Kinder nicht im Stich!

Frau Schüler [nickt dankbar bejahend mit dem Kopf]: Und mit einem bißchen Liebe geht's schon, daß Jude und Christ ihr Brot gemeinsam in Eintracht brechen, noch wenn es ungesäuert gereicht wird.
Arthur Aronymus [leise zum Kaplan]: Guck mal Bernhard, wie der Oskar Deinen Bischof anguckt.
Oskar [ein Knabe, hart und finster]: Ich werde ein Mönch!
Bischof [lacht plötzlich stürmisch, kaum kann er sich beruhigen]: Aber daß mir das Hexenverbrennen fürder aufhört! *[Alle lachen, das Lachen der Kinder übertönt alles. In das Lachen setzt Schüler kräftig ein, seine Söhne unterstützen den Gesang: zwei Strophen des Liedes Lecho ulecho. Nach der zweiten Strophe hört man draußen den ungestümen Lärm der Menge. Die Leute rufen: «Wir wollen unseren Bischof sehen»]*
Gleichzeitig eilen in den Raum
Drei Mägde [zugleich]: Sie wollen ihren Bischof sehen!
Bischof [erhebt sich mächtig]
[Alle stehen auf. Der Bischof schreitet mit dem Kaplan, Arthur Aronymus zwischen sich führend, zur Türe der Terrasse, die ihm geöffnet wird. Schüler, Frau Schüler und die älteren Kinder folgen ihm. Im Raum bleiben nur die armen Juden und einige kleinere Kinder.]
Bischof [auf der Terrasse, zur Menge sprechend]: Meine geliebten Brüder und Schwestern in Christo! Von tiefer Freude ist mein Herz bewegt. In dieser Stunde, in der ich als Mittler stehe zwischen Euch vor diesem Hause und denen in diesem Hause, erfüllt sich mir das Wort unseres heiligen Apostels Petrus, der da sagte: ‹Gott sieht nicht auf die Person, vielmehr ist ihm in jedem Volke wohlgefällig, wer ihn fürchtet und rechttut.› *[Choral: Großer Gott, wir loben Dich. Während der Choral gesungen wird und im Saale langsam die Lichter verlöschen, fällt der Vorhang.]»*

Niemand ahnte damals, daß hier im doppelten Kerzenglanz, zwischen den Lichtern des christlichen Weihnachtsfestes und denen des jüdischen Sederabends, ein urkindliches, großes, deutsches Dichterherz zum letzten Mal in einer Botschaft der Hoffnung aufflammte. Was Else Lasker-Schüler seitdem noch geschrieben hat, sind Verse der Trauer, des Abschieds und der frommen Vorbereitung auf den Tod. «Ich weiß, daß ich bald sterben muß» ...

Else Lasker-Schüler starb am 22. Januar 1945 in Jerusalem. Sie wurde, wie es in einem Bericht heißt, «auf den Schultern derer, die mit ihren Liedern herangewachsen waren», zu Grabe getragen. Sie hat in die Erde Palästinas mehr von Deutschland mitgenommen, als jene, die sie vertrieben, je besessen haben. Ihr letzter Gedichtband, erschienen 1943 in Jerusalem, trägt die Widmung:

«Meinen unvergeßlichen Freunden und Freundinnen in den Städten Deutschlands und denen, die wie ich vertrieben und nun zerstreut in der Welt, in Treue!»

Was sterblich an dem greisen Kinde der Stadt Elberfeld war, ruht, fern von der deutschen Geburtsstadt, in der Erde des Oelbergs. «Ihrer ernsten Klage längst vergilbter Sopran» aber wird immer vernehmbar bleiben.

Überlese ich nun, was ich in meinen Erinnerungen bisher berichtet habe, so scheint mir unendlich viel zu fehlen. Erzählen aber will ich zum Schluß, wie seltsam mein Weg nun sein Ende gefunden hat.

Ich war nach 30jähriger Abwesenheit zum erstenmal wieder in meiner Heimatstadt Berlin. Von der alten Volksbühne, die jetzt im Osten liegt, war ich damals ausgegangen. Jetzt rief man mich zurück, um die neue Volksbühne im Westen zu eröffnen. Ich stand unter der Fahne mit dem Berliner Bären und sprach zur Eröffnung des Hauses Schillersche Prosa. Als ich sehr erregt auf meinen Platz zurückging, schien es mir, als ob meine Beine den Dienst versagen wollten. Ich vergaß aber diesen erschreckenden Moment rasch und spielte dann den Robespierre von Romain Rolland. 60 Vorstellungen waren vorgesehen. Am Abend der 58. wollte ich eine Straße überqueren, als ein Auto mich zwang, schnell den gegenüberliegenden Bürgersteig zu erreichen. Plötzlich versagte mein linkes Bein. Ich versuchte dann, auf dem Bürgersteig zu rennen und mußte feststellen, daß ich nur gut und rasch gehen, aber nicht mehr schnell laufen konnte. Die Ärzte machten bedenkliche Gesichter, stellten mir aber mit Ausnahme eines sehr ernsten und skeptischen Mannes baldige Wiederherstellung in Aussicht. Ich versuchte noch, das vorgesehene Gastspiel in Recklinghausen durchzuhalten. Es war mit aller Energie nicht mehr möglich. Ich fuhr in die Schweiz zurück, wo ich mich eingehenden neurologischen Untersuchungen unterzog.

Das Resultat war eindeutig: Unheilbar. Und die Prognose: Früher oder später der Rollstuhl.

Die Sommermonate verbrachte ich noch einmal in meinem geliebten Engadin, dieses Mal in Sils. Ich war noch imstande, täglich bis zu einer Stunde ohne Stock zu wandern. Dann freilich war ich erschöpft wie früher nach einer Hochtour von Tagesdauer. Mein täglicher Weg umkreiste die Chasté. In den letzten Wochen dieser Zeit kaufte ich mir einen Stock.

Am 29. September 1963 wurde mir in einer Feier im Zürcher Schauspielhaus der ‹Hans-Reinhard-Ring› verliehen. Ich durfte eine überwältigende Kundgebung der Liebe des Zürcher Publikums erleben. Ich wußte aber, daß ich zum letzten Mal in meinem Leben auf dieser Bühne stand.

Im Oktober wollte ich es noch wagen, mit meinem Stock auf eine neuerliche Rezitationsreise, diesmal durch Japan, zu gehen. Am fünften Tag aber, noch vor dem ersten Rezitationsabend, brach ich in Tokio zusammen. Ich flog zurück. Der Fudschijama grüßte zum Abschied in seiner traumhaften Herrlichkeit.

In Zürich mußte ich den Stock mit zwei Krücken vertauschen. Kurz vorher war das Buch von Elisabeth Brock über meine Theaterarbeit erschienen. Die darin befindliche Platte war das Letzte, was ich noch mit heiler Stimme zuwege brachte, denn zu der langsam fortschreitenden Lähmung von Armen und Beinen kam, unvorhergesehen und für mich die schwerste Prüfung, das Erlahmen der Sprachorgane. Das schöne Buch wurde so unversehens zum Nachruf auf mein Theaterdasein. Elisabeth Brock hatte nicht gewußt, daß sie die nüchterne Wahrheit sprach, als sie im letzten Satz ihres Buches von dem «Zum Abschied» in sein Horn stoßenden Ginsberg schrieb.

Und nun habe ich im Frühling 1964 die Krücken für immer mit dem Rollstuhl vertauscht. Da meine Pflege zu Hause zu schwierig wäre, habe ich alles Meinige verlassen, um mein Leben in einem hellen, schönen Krankenzimmer ausklingen zu lassen, vor dessen Fenstern sich ein großer grüner Park weitet.

Das Theater liegt schon wie in weiter Ferne hinter mir. Mir ist beruflich kein Wunsch versagt geblieben. Ich habe in den 40 Jahren meines Theaterlebens so viele und schöne Rollen gespielt, so unsäglich viel und auf so vielen Gebieten gearbeitet, daß es für ein achtzigjähriges Leben reichen würde. Das äußere Handwerkszeug des Schauspielers – Arme, Beine und Stimme – sind mir genommen. Aber Kopf und Herz sind gesund und haben die Kraft, für alles, was mir im Leben in so reichem Maße geschenkt worden ist, Dank zu sagen. Nichts als Dank!

Als mir vor vier Jahren meine Frau – Else Lasker-Schüler hatte sie immer «die goldene Rose» genannt – von Gott genommen wurde, war ich fest entschlossen, in ein Kloster zu gehen. Viele Monate lang habe ich mich um meine Aufnahme bei verschiedenen Benediktiner-Klöstern bemüht. Aber die Weisheit der über mein Gesuch entscheidenden Oberen wies mich auf die freundlichste Weise ab. Ich gehörte in meinen Beruf, so erklärten sie, und mich triebe nicht die Freude, sondern die Trauer ins Kloster. Es sei ein Fluchtversuch, zu dem sie nicht ihre Hand bieten dürften. Wie recht hatten sie! Heute habe ich eine unerwartete Form fast klösterlichen Lebens gefunden, die mir offenbar bestimmt war. Sie ist von strengerer Observanz, als ich es mir je hätte träumen lassen.

An meinem 60. Geburtstag, der zugleich mit dem meines Freundes Teo Otto von den Kollegen des Zürcher Schauspielhauses gefeiert werden sollte, mußte ich mir die Freude der Teilnahme versagen. So schickte ich an meiner Statt eine Grußbotschaft, die ich, auch als Abschiedsgruß an meine Leser, zum Abschluß an das Ende dieser Erinnerungsskizzen setzen möchte. Sie lautete:

Meine lieben Kollegen,
alte und jüngere Freunde,
wie gerne hätte ich diesen Tag mit Euch verbracht und noch einmal eines jener schönen, natürlichen und herzhaften Feste mitgefeiert, wie es so nur im Zürcher Schauspielhaus möglich ist.

Wäre ich nur gelähmt, wie ich's an Armen und Beinen bin, ich hätte mich zu Euch fahren lassen. Aber seit kurzem ist auch meine Sprache erkrankt: sie schleppt und gurgelt und quält sich in mir selbst ganz fremden, tiefen Tönen mühsam von Satz zu Satz. Und das wollte ich Euch und mir ersparen. Sicher, diese letzte Rolle, von der ich nie geahnt hätte, daß sie in mein Fach schlagen würde, ist die schwerste meines Lebens. Laßt Euch bitte von niemandem einreden, ich spielte sie heldenhaft. Das ist nicht wahr. Es wäre auch übermenschlich. Aber ich habe Grund, für so vieles zu danken, daß sich das Schwere leichter trägt.

Ich habe zu danken für die Rettung vor dem Untergang in Hitler-Deutschland, zu danken, daß nur wenige mich dort verrieten, daß viele treu blieben, zu danken für lebenslange Freundschaften, wie die mit meinem alten Horwitz und die mit dem heimlichen Gewissen dieses Theaters, unserem Teo Otto. Ich habe zu danken für so viele gute und liebe Kameraden bei der Arbeit.

Ich habe für eine 32jährige Ehe mit der besten und hingabefähigsten Frau zu danken.

Ich habe einem freundlichen Schicksal zu danken, das mir in 40 herrlichen Theaterjahren – 30 davon in Zürich – jeden, wirklich jeden Wunsch erfüllte, der mich mit 18 Jahren zum Theater getrieben hat.

Ich habe zu danken für das Glück der Begegnung mit wirklichen Dichtern, die keine Literaten, sondern Genies waren: Von Joachim Ringelnatz über Else Lasker-Schüler, Karl Kraus, Oedön von Horvath bis zu Brecht und Dürrenmatt.

Zu danken für die Hilfe meiner Regisseure von Falckenberg, Berthold Viertel, Steckel, Hilpert und Kortner bis zu Lindtberg, der wohl am meisten mit mir gearbeitet hat, und meinem Freund Horwitz. Zu danken, daß ich überhaupt nach Zürich kam: durch Kurt Hirschfeld.

Vor allem aber habe ich zu danken, daß mein Herz und mein Kopf mich, selbst in den furchtbarsten Lebenserfahrungen, davor bewahrt haben, jemals zu den unseligen Anbetern des Nichts zu gehören.

Wie einst mit achtzehn Jahren, so bekenne ich auch heute mit sechzig, daß ich den Sinn dieses Lebens nur in der Dankbarkeit für das Wunderwerk des Daseins, in der Freude am Leben und in der Liebe zum Mitmenschen zu erblicken vermag.

Matthias Claudius schließt seinen berühmten Brief an seinen Sohn Johannes mit den Worten: «Habe einen freudigen Mut und gehe nicht aus der Welt, ohne Deine Liebe und Verehrung für den Stifter des Christentums durch irgendetwas öffentlich bezeugt zu haben.»

Erlaubt mir, hier, vor Euch, öffentlich, mit dieser Liebesbezeugung zu schließen.

THEATERAUFSÄTZE

Die Aufforderung, über irgendeine wesentliche Frage des heutigen Theaters zu schreiben, muß bei einem, der im Theater lebt und arbeitet, zuerst auf große Hemmungen stoßen, denn für die reproduktive Kunst des Schauspielers gibt es – im Gegensatz zu der des reproduktiven Musikers – keine allgemein verbindliche Terminologie. Es ist kein Zufall, daß die Diskrepanz der Meinungen innerhalb der Musikkritik, soweit sie die Reproduzierenden [nicht die Komponisten!] betrifft, weit geringer ist als bei der Theaterkritik, die, entsprechend der viel weniger greifbaren Materie der Schauspielkunst, viel weniger unanfechtbare, zuverlässige, handwerkliche Maßstäbe besitzt als die Musikkritik. Die Verständigung über Theaterfragen ist daher allzuoft in Gefahr, vage, ungenau, voll von Mißverständnissen zu sein und in leerer Geschwätzigkeit zu versanden. Man kann im Bereich des Theaters beobachten, daß oft von zwei Diskutierenden mit den gleichen Worten ganz entgegengesetzte oder mit entgegengesetzten Worten ganz gleiche Inhalte gemeint werden. Man muß also versuchen, besonders genau zu sein.

Eine Binsenwahrheit, ohne die keine Betrachtung der gegenwärtigen Lage des Theaters beginnen kann: Das Theater, eine reproduktive Kunst, die nicht aus sich selbst, sondern nur von Gnaden der dramatischen Literatur zu leben vermag, ist heute unleugbar bitter verarmt. Mit ehrlichem Neid blicken wir auf die letzten Schauspielergenerationen, die in so großartigen und stilbildenden Aufgaben heranwuchsen, wie sie ihnen von zeitgenössischen Dichtern wie Ibsen, Hauptmann, Strindberg, Wedekind und anderen gestellt wurden. Und selbst noch nach dem Ersten Weltkrieg lebte das moderne Theater von einem heute fast unvorstellbar gewordenen embarras de richesse junger Bühnenschriftsteller und -dichter, der durch Namen wie Toller, Unruh, Kornfeld, Kaiser, Bronnen, Sternheim und die bedeutenden Barlach und Brecht [um nur einige der wesentlichsten zu nennen] hinreichend gekennzeichnet ist. Auf diese lebendige, angriffsfreudige, farbenreiche, experimentierfreudige, das Theaterleben scheinbar einer neuen Blüte entgegendrängende Literatur folgte – als tristes, allzu natürliches Ergebnis geistiger und politischer Erdbeben – die Tabula rasa unserer Tage, in denen sich, von wenigen Lichtblicken abgesehen, nur noch ein paar vereinzelte Begabungen abzumühen scheinen, wer von ihnen das allmählich modisch gewordene Gesellschaftsspiel im Finstern «Ich verzweifle, du verzweifelst, wir verzweifeln» am eindrucksvollsten zu spielen vermag. Da das Theater keine Literatur, sondern nur die Literatur das ihr entsprechende Theater hervorzurufen und fruchtbar zu machen vermag, bleibt den für unsere Spielpläne Verantwortlichen im wesentlichen nur die Pflege der Vergangenheit und die wachsam aufgeschlossene Bereitschaft für das, was nur spärlich oder überhaupt noch nicht da ist. Unglücklicherweise ist aber auch diese Pflege der Vergangenheit, als solche ohnehin stets in Gefahr, museal und akademisch zu werden, sei langem in ein besonders kritisches Stadium getreten. Die Gründe hierfür sind verschiedenartiger Natur. Einer der wesentlichsten scheint mir die Tatsache, daß der deutsche Schauspieler in einen Zustand der Entmündigung geraten ist.

Was ist damit gemeint?

Ich bin seit langen Jahren sowohl als Schauspieler wie auch als Regisseur tätig. Deshalb möge es mir gestattet sein, zu diesem ebenso schwierigen wie für die Entwicklung des deutschen Theaters wohl bedeutsamen Thema ein paar Worte zu sagen, die nicht im Verdacht stehen können, parteiisch für oder gegen den Regisseur, für oder gegen den Schauspieler gedacht zu sein.

Für denjenigen, der noch den letzten Abgesang der großen Alten unseres Berufes miterlebt hat oder ihn miterlebt, ist es ein offenes Geheimnis, daß die private und künstlerische Substanz der nachfolgenden schauspielerischen Persönlichkeiten in beängstigender Weise abzunehmen scheint. Wir Späteren sind offenbar unpersönlicher, unorigineller, und die jüngste Generation scheint es noch mehr zu sein. Es ist ja auch nur allzu begreiflich, daß in einer Zeit, die nicht nur dem Persönlichkeitskult mit Recht mißtrauisch oder gar feindselig gegenübersteht, sondern der Persönlichkeit schlechthin nur noch wenig Lebensraum gönnt, ein so persönlichkeitsbedingter Beruf wie der des Schauspielers in Mitleidenschaft gezogen und in Gefahr geraten ist, an Substanz zu verlieren. [Die Schuld daran liegt übrigens gewiß nicht in dem sozialen Aufstieg und der «Verbürgerlichung» des Schauspielers, die Goethe durch soziale Niederhaltung des Standes verhindert wissen wollte.]
Aber das ist es nicht allein, was den heutigen Schauspieler so viel ärmer als den früherer Zeiten erscheinen läßt. Das Schwergewicht der künstlerischen Produktivität am Theater hat sich unbestreitbar mehr und mehr von der phantasievoll schöpferischen, schauspielerischen Persönlichkeit weg und zu dem mehr und mehr dominierenden und diktierenden Regisseur hin verschoben. Der Schauspieler, der früher mit oft fast allzu fertig ausgearbeiteter Rolle zur ersten Probe kam und manchmal kaum mehr in ein Ganzes einzuordnen war, kommt heute allzuoft auf diese erste Probe leer wie ein braver Schüler, der sich erst einmal vom Lehrer seine Aufgabe erteilen und erklären lassen möchte: «Erst einmal sehen, was ER [«Er» ist der Regisseur] von mir will.» Ein Zustand, der zweifellos ungesund und unproduktiv ist, da er den mehr und mehr entmündigten und sich selbst immer mehr entmündigenden Schauspieler, der das A und O des Theaters ist und bleiben muß, in ein unpersönliches Räd-

chen in der Hand des Regisseurs zu verwandeln droht. Wie ist es dazu gekommen? Ist hier überhaupt Abhilfe zu schaffen, und wie? Wie ist es dazu gekommen, daß aus dem Spielordner, als welcher der Regisseur noch bis zum Beginn des Naturalismus fungierte und der im wesentlichen auf die dramaturgische, ausstattungsmäßige und choreographische Anlage einer Aufführung beschränkt blieb, der bis in die Darstellung der kleinsten Randfigur mit allseitiger Verantwortung überbelastete Regisseur wurde, wie wir ihn heute kennen?

Ich möchte hier einschalten, daß nicht etwa von jenen wenigen, überlebten «Interessantheits»-Regisseuren die Rede ist, die glauben, statt mit äußerster Sachlichkeit dem Werk des Dichters zu dienen, persönliche Originalität mit sensationellen «Auffassungen» beweisen zu müssen. Nicht um diese wenigen bekämpfenswerten Einzelfälle geht es, nicht um irgendeine Polemik gegen sie, sondern um die Darstellung eines von niemandem verschuldeten Zustandes und um die Suche nach Abhilfe.

Die Älteren unter uns haben in ihrer Bühnenlaufbahn die verschiedenartigsten Darstellungsstile als jeweils quasi alleinseligmachende Zeitforderung kennengelernt: die Ausläufer des Klassizismus, den Naturalismus, den Symbolismus, den Expressionismus und den Realismus – um nur die Hauptstationen zu nennen. Wie viele dogmatische Erklärungen, Theater habe so und nicht anders zu sein, hat die lebendige Zeit immer wieder hinweggewischt! Es ist das alte Lied: Die deutsche Schauspielerei hat im Gegensatz zu der der alten Griechen oder der der Franzosen oder, um ein besonders eindrückliches Beispiel zu wählen, zu der der

Chinesen nie einen allgemein gültigen, sich gleich bleibenden, ohne Sprünge kontinuierlich fortschreitenden Stil entwickelt. Daher schwankt der deutsche Schauspieler-Stil [und mit ihm die gesamte deutsche Bühnentheorie] von Jahrzehnt zu Jahrzehnt, ja manchmal fast von Jahr zu Jahr. Ich glaube, daß der Grund hierfür in der abnormen stilistischen Vielfalt der internationalen Literatur zu suchen ist, die der deutsche Schauspieler wiederzugeben hat.

Der griechische Schauspieler hatte lediglich die griechische Tragödie und Komödie darzustellen. Und er war infolge der Großräumigkeit seines Theaters stilistisch durch Kothurn und Maske bestimmt und gebunden. – Das klassische französische Theater hatte wesentlich auf dem antiken Drama aufgebaut. Der französische Schauspieler hat das dementsprechende sprachliche Pathos und seinen eigenen Bewegungsstil weiter entwickelt; erst im letzten Jahrhundert sind mit dem Naturalismus auch an den französischen Schauspieler radikal neue Probleme herangetreten. – Der chinesische Schauspieler gar ist seit Jahrhunderten in einer rituell-strengen tänzerischen Ausdrucksform gehalten und geborgen, so daß bei einer klassischen chinesischen Rolle die kleinste schauspielerische Veränderung eines Schrittes, einer Geste geradezu revolutionär wirkt.

Der deutsche Schauspieler nun steht einer Literatur gegenüber, die aus zwei so grundverschiedenen Strömen wie der Antike und der [vereinfachend gesagt] shakespearischen Welt gespeist wird. Es ist klar, daß Darstellungsmittel, die etwa Aischylos angemessen sind, Shakespeare nicht gerecht werden können, und umgekehrt. Bis in die deutsche klassische Dichtung hinein geht diese Doppelspurigkeit von antikischem Hochstil und nordischer Realistik. Und in jeder Entwicklungsphase der deutschen Schauspielkunst wurde bald auf diese, bald auf jene Seite, und jeweils zuungunsten der anderen, das Hauptgewicht gelegt.

Aber diese Doppelspurigkeit machte es noch nicht unmöglich, daß Anhänger der beiden Grundstile mit- und nebeneinander im selben Stück auftraten. Auch war es noch bis etwa zu Joseph Kainz möglich, daß ein reisender Schauspieler in den verschiedensten Ensembles beispielsweise als Carlos gastieren konnte, ohne daß er an die jeweilige Aufführung, meist in einmaliger, kurzer Probe, andere Konzessionen zu machen hatte, als etwa einen Auftritt statt von links von rechts zu nehmen, oder sich über diesen oder jenen Strich im Text mit seinen Kollegen zu einigen. Heute wären Gastspiele dieser Art bereits ganz undenkbar.

Warum? – Seit dem Einbruch des Naturalismus [der, das sei gegen eine heute verbreitete Verkennung hier betont, seinerseits weder eine radikale Formzerstörung noch einen photographischen Stil, sondern eine durchaus eigene, eben die naturalistische Kunstform brachte], seit dem Einbruch dieser besonders dogmatischen Richtung ist der Darstellungsstil für alle nicht-naturalistischen Werke zerschlagen oder zumindest radikal in Frage gestellt. Der Film hat dazu ein übriges getan. Wir sind heute im Grunde noch immer nicht weit über den Irrtum hinaus, mit naturalistischen, realistischen Mitteln nicht-naturalistischen, nicht-realistischen Dichtungen gerecht werden zu wollen oder, wenn wir prinzipielle Gegner des Naturalismus sind, naturalistische Werke durch nicht-naturalistische Darstellungsmittel zu entstellen. Der vornaturalistische, hochpathetische Darstellungsstil ist nun aber ebenso verklungen und vertan wie der nachnaturalistische, der expressionistische Stil, der noch einmal eine, wenn auch krampfhafte Vereinheitlichung der darstellerischen Mittel zu erzwingen versuchte und zeitweilig auch zu gewährleisten schien. All das ist heute vorbei. Jede Aufführung scheint heute ein völliger Neubeginn.

So mühelos nun moderne Schauspieler sich auf dem Gebiet des Naturalismus, ja auch noch des Realismus im allgemeinen zu verständigen vermögen, so vielfältig werden die Meinungen meist, sobald es sich um ein nicht-naturalistisches Werk handelt, wie es auch immer formal bestimmt sein möge. Hier stoßen Auffassungen aufeinander, die von dem einen Extrem der saloppen Film-«Natürlichkeit», ja einer billigen Magazin-Simplizität bis zu unerträglich gekünstelter, überstilisierter Deklamation reichen. Und hier ist es, wo der Regisseur unentbehrlich, ja notwendig geworden ist als derjenige, der jeweils Form, Gesicht und Melodik der Darstellung bestimmt und einheitlich durchzugestalten hat. Ohne diese regieliche Formgebung und Zusammenfassung gibt es heute keine gute Aufführung mehr. – Die Wiener Philharmoniker werden eine Beethoven-Symphonie wohl auch unter einem mittelmäßigen Dirigenten zumindest sinngemäß spielen können. Aber kein deutsches Theaterensemble kann heute ohne einen starken Regisseur eine gute Klassikervorstellung zustandebringen, weil am heutigen deutschen Theater alle Grundbegriffe ins Wanken gekommen sind. Grundfragen, wie etwa die nach der «Wahrheit» des Ausdrucks oder nur die so wesentliche nach der Behandlung des Verses [oder gar nach der unterschiedlichen Behandlung des Verses bei Goethe, Schiller, Shakespeare, Molière, Kleist oder Brecht, oder etwa der Prosa Lessings und Wedekinds] werden heute von jedem Regisseur je nach seinem geistigen Standort und musischen Wesen verschieden beantwortet, verschieden gelöst. Der Regisseur ist heute der eigentliche Stilbildner des Theaters geworden. Infolgedessen fühlt sich der einzelne Schauspieler mehr und mehr in die Haltung des Abwartens und des Mit-sich-Schalten-und-Walten-Lassens gedrängt. So ist zum Unglück des Schauspielers der Regisseur übermächtig – aber auch zum nicht geringeren Unglück des Regisseurs der Schauspieler arm geworden.

Mit Neid sieht unsereins oft auf die Schwesterkunst, auf die

reproduzierende Musik. Wie begrenzt sind dort Auffassungsdifferenzen, wie klar fixiert Gegebenheiten. Ein Quartett, ein Sextett, ein Oktett braucht nur den Primgeiger, aber keinen Dirigenten. Kein Musiker wird forte spielen dürfen, wo piano oder lento, wo a tempo steht. Unterschiede können hier nur gradueller Natur sein. Kein Dirigent wird eine Symphonie im Kammermusik oder Kammermusik in eine Symphonie verwandeln dürfen. Die Partitur einer Dichtung zu lesen ist eben, infolge des Fehlens aller Vorzeichen, ein viel gewagteres Unterfangen, viel unsicherer, viel mehr Gefühls- und Geistesverschiedenheiten ausgesetzt. Und dennoch wird nur der ein guter Regisseur sein, der mit dem Instinkt für die dichterische Partitur begabt ist, und nur der ein guter Schauspieler, der seine Stimme in dieser Partitur zu erfühlen und zu erkennen weiß.
Wie ist bei solchem Sachverhalt, den wohl weder Regisseure noch Schauspieler bestreiten werden und der beiden unlieb sein muß, dem Übel abzuhelfen?

Es gibt in der Kunst keine Rezepte! Es gibt höchstens Anregungen, wie die Arbeitsgesinnung sein sollte, als Voraussetzung für die künstlerische Arbeit. In Zeiten der Armut und Unsicherheit ist immer wieder eine Rückbesinnung auf das Grundsätzliche, auf das, was geblieben ist und erhalten oder wiederhergestellt werden sollte, von Nutzen. Es gibt da sehr alte, bescheidene, anscheinend primitive «Hausmittel», die immer wieder in Vergessenheit zu geraten drohen:
1. Für Regisseure und Schauspieler: Bewußter Verzicht auf jede Art von eitler Originalitätssucht und von voreiliger literatenhafter Stildogmatik. Es kann für das deutsche Theater angesichts der diffusen, hundertfältigen Formen der Weltdichtung, die es wiederzugeben hat, keinen alleinseligmachenden Schauspielstil geben. Selbst die stärkste bühnen-

stilbildende Persönlichkeit unserer Tage, der unvergeßliche Dichter und Regisseur Brecht, konnte sich nur in seinem Wesen zugeordneten Stücken auswirken. Bereits seine «Antigone»-Inszenierung war eine einzige, konsequent durchgeführte Vergewaltigung des sophokleischen Werkes, bestenfalls eine zu diskutierende völlige Neubearbeitung der antiken Dichtung. – Das Theater als dienende, reproduktive Kunst kann sich immer wieder nur in dem ebenso bescheidenen wie mühevollen Prinzip der Werktreue neues Leben und neue Wegweisung holen. Werktreue ist, richtig verstanden, kein musealer Begriff. Werktreue heißt, den geheimen Willen des Dichters gelten lassen. Im Streitfall zwischen Dichter und Regisseur hat fast immer der Dichter recht. Der Regisseur Goethe hat den Dichter Kleist durch die Zweiteilung des einaktigen «Zerbrochenen Krugs» zum Mißerfolg verurteilt. Und der übersetzende und bearbeitende Regisseur Schiller hat Shakespeares «Macbeth» unbegreiflich verschandelt. Wie oft mag den Dichtern Goethe und Schiller von Regisseuren ein Gleiches widerfahren sein! Werktreue heißt den Weg suchen, um das Gleichnis, das jeder großen Dichtung innewohnt, in seiner reinsten Form mit den Mitteln unserer Zeit darzustellen. Das «Moderne» kann sich nur von selbst verstehen, man kann es genauso wenig «wollen» wie das «Originale».

2. Für die Schauspieler: Das Prinzip allseitig lebendiger Werktreue verlangt eine Beherrschung des Handwerklichen, wie sie heute auf weite Strecken verlorengegangen ist. Die verfrühte reizlose Typisierung der jungen Schauspieler auf ihr privates Wesen beschneidet von vornherein ihre Entwicklungsmöglichkeit in trostloser Weise und läßt die Bühne verarmen. Man möchte den jungen Schauspielern zurufen: Sorgt dafür, daß ihr wieder atmen und sprechen lernt, daß ihr nicht nur deutlich «artikulieren» und «vorne» sprechen könnt, sondern daß ihr allen Sprachstilen gewachsen seid,

daß ihr beispielsweise imstande seid, auch physisch langatmige, geistig weitgespannte klassische Passagen geistig zu überschauen und sprachlich zu bewältigen, ohne sie aus physischer Schwäche und technischer Ohnmacht in naturalistische Fetzen zerpflücken zu müssen, wodurch sie nämlich genauso «unnatürlich» werden wie ein Al-Fresco-Bild in einem Miniaturrahmen! Begnügt euch auch nicht damit, kleine private Eigenheiten oder gar fehlerhafte Absonderlichkeiten zu kultivieren! Eure Originalität wird euch nicht verlorengehen, wenn ihr auch das Allgemeine, das beruflich Notwendige lernt, wie es sich für die französischen Schauspieler von selbst versteht. Schaut nicht nur, so bald wie möglich zu lukrativem Filmruhm zu kommen! Seid euch bewußt, daß das Theater anderen, wesentlich schwereren, geistigeren Gesetzen gehorcht als der Film. [Ausnahmen bestätigen die Regel.] Wehrt euch gegen eine verfrühte Typisierung! Setzt euren Ehrgeiz in Vielseitigkeit! Es ist keine Einbuße an Persönlichkeit, wenn ihr auch eure komödiantischen Verwandlungskräfte entfaltet. Erweitert eure Möglichkeiten! Sucht euch die Wege zu der dramatischen Dichtung aller Zeiten und aller Nationen! Seid nicht bequem! Laßt eure Phantasie nicht verdorren! Arbeitet miteinander, und dann arbeitet vertrauend und in wahrer Disziplin mit dem Regisseur als dem Primus inter pares, und nicht angsterfüllt «unter» ihm.

3. Für die Regisseure: Ich glaube, es gibt für den Regisseur seit jeher nur den einzigen Ruhm, die darzustellende Dichtung und die darstellenden Schauspieler zum Blühen zu bringen. Die Aufführung, die unmittelbar durch sich selbst spricht, ohne mit Einfällen und Auffassungen penetrant auf den Regisseur hinzuweisen, spricht am meisten für diesen. Der am Ende seiner Arbeit in der Selbstverständlichkeit und Überzeugungskraft der Aufführung unsichtbar werdende Regisseur ist, so scheint mir, der beste. Man muß dem

Schauspieler im Theater behutsam – ich möchte sagen: wie es dem Laien heute in der Kirche geschieht – wieder mehr und mehr Vertrauen zu sich selbst, zu seiner eigenen produktiven Kraft, zu seiner eigenen Mitverantwortung geben. Probieren sollte nie gleichbedeutend sein mit voreiligem Diktieren. Zum Probieren gehört auch das sensible Abtasten und Erproben von unter Umständen irrigen, aber für den Schauspieler zuweilen notwendigen Umwegen. Je mehr und je reichere Möglichkeiten der Schauspieler dem Regisseur auf die Probe «bringt», desto produktiver wird die Zusammenarbeit sein. Man sollte alles tun, um dem Schauspieler seine Ängstlichkeit und seine Trägheit zu nehmen. Man sollte die Schauspieler viel mehr zu eigener Phantasiearbeit ermutigen. Man sollte sich nicht damit begnügen, an ihnen nur willfährige, dankbare Instrumente und von vornherein berechenbare, gut einsetzbare Typen zu haben, sondern man sollte ihnen Raum zu produktiver Mitarbeit geben. Und man sollte allen unleugbaren, zeitgegebenen Schwierigkeiten zum Trotz nichts unversucht lassen, was das alte, solide Prinzip des Ensemblegeistes – die Kraft aller großen Theaterzeiten – fördert und das Startum in seine Grenzen verweist.
Das, wovon hier gesprochen wurde, ist nichts Neues. Und es kann natürlich nicht von heute auf morgen erreicht werden. Es bedarf hierzu immer wieder kluger, unter Verzicht auf sensationelle Augenblicksinteressantheit und bluffende Scheinerfolge auf lange Sicht planender, ein Ensemble bauender und bildender Theaterleiter. Es bedarf dazu in unserer hektischen Zeit einer der schwersten, aber fruchtbarsten Tugenden: der Geduld.

Im Ernst! Ich bin betrogen!
Ist es nicht wahr? Habe ich nicht die Wette gewonnen?
Bin ich nicht der Sieger des Paktes?
Und doch haben sie mir Fausts Seele «*pfiffig weggepascht*»!!
Mit welchem Recht? «*Wer immer strebend sich bemüht, den können wir erlösen – –*»
Wann, zum Teufel – wenn ich so sagen darf –, hat denn dieser Faust sich «*strebend bemüht*»? Doch nur *vor* unserm Pakt! Nachher hat er Gretchen zerstört, den Tod ihres Kindes, ihrer Mutter und ihres Bruders verschuldet, am Hofe des Kaisers Inflation gemacht, mit meiner Hilfe blutigen Schlachten-Hokuspokus getrieben, mit der griechischen Helena ästhetische Traumwelten durchstreift, sich in der klassischen Walpurgisnacht humanistisch verlustiert und zu guter Letzt die zwei lieben Alten, Philemon und Baucis, kurzerhand deportiert – nur weil ihn das Glockenläuten ärgerte, weil ihm die «*wenigen Bäume, nicht mein eigen*» den «*Weltbesitz verderben*» ...
Keine einzige «*strebende Bemühung*» [wenn man nicht zuletzt die Austrocknung des Sumpfes dafür gelten lassen will. Aber selbst da ging's: «*Arbeiter schaffe, Meng auf Menge, bezahle, locke, presse bei* ...]! Nur Schuld auf Schuld!
Und dann, statt her zu mir, kopfüber in den Himmel! Ist das in Ordnung? Man erkläre mir, wo sich dieser Faust «strebend bemüht»! Nein! Ich bin betrogen. Von Goethe betrogen. –
Freilich – mit den erlauchtesten Himmelsversen der deutschen Sprache.

Es war im Sommer des Jahres 1922. Da durfte ich, 18jährig, bei den Schleswig-Holsteinischen Volksspielen, später bekannt als «Maskenwagen der Holtorf-Truppe» – einem blutjungen Wanderunternehmen, dessen Leiter, der Maler Hans Holtorf, damals ganze 22 Jahre alt war –, in Heide in Holstein meinen ersten Mephisto spielen. Der Darsteller des Faust hieß Mathias Wieman. Wie heute, nach 35 Jahren ... Es handelte sich freilich nicht um Goethes «Faust», sondern um das [auch hier in Zürich einmal aufgeführte] sogenannte «Puppenspiel vom Dr. Faust». Jetzt spiele ich den Goetheschen Mephisto zum viertenmal in meinem Leben. Und soviel sich für mich auch an den schauspielerischen Details der Rolle von ihrer ersten bis zur heutigen Fassung geändert haben mag, so wesentlich bleibt meine persönliche Mephisto-Vorstellung an jenes erste entscheidende Jugenderlebnis gebunden, das ein metaphysisches war, wie es dem Text des Puppenspiel-Mephisto entsprach. Immer wieder habe ich seither bedauert, daß Goethe dieses elementare Motiv des Puppenspiels nicht oder nur andeutend in seine Dichtung mit aufgenommen hat. Ich denke an jene grandiose Szene, in der der Faust des Puppenspiels kraft des Paktes den Teufel beschwört, ihm zu bekennen, was er tun würde, wenn er, Mephisto, noch einmal Hoffnung auf ewige Seligkeit erlangen könnte. Mephisto gesteht da, nach furchtbarem Sträuben: «*Fauste, Du willst es haben. So höre mich auch an – wenn ich Hoffnung auf Seligkeit erlangen könnte, so wollte ich ganze Jahre hindurch die allergrausamsten Martern erdulden. Und sollte auch die ganze weite Welt mit lauter glühenden Eisenplatten beschlagen sein, so wollte ich sie doch nicht geschwinder als eine Schnecke durchwandern. Und wenn eine Leiter vom tiefsten Abgrund der Hölle bis zum obersten Himmelsgipfel führte, und jede Sprosse wäre mit tausend und abermal tausend scharfen Schermessern besetzt, und ich könnte alle menschlichen Empfindungen spüren, und sollt' ich auch so klein zerschnitten werden wie Sand am Meer – so wollt' ich doch mit Freuden die Leiter besteigen und danach trachten, den obersten Gipfel zu erreichen, um nur ein einziges Mal Gott anzuschauen. – Dann wollte ich gerne in alle Ewigkeit wieder ein Geist der Verdammten sein.»*

Es war, wie man sich denken kann, für den Schauspieler ein weiter Weg von diesem «naiven» Puppenspiel-Mephisto bis zu dem Goetheschen. Aber er hat diese alten Sätze, die bei Goethe fast kein Echo finden, im geheimen, geistigen Rüstzeug seiner Teufelsrolle immer mit sich getragen und wird nie von dem Versuch ablassen, den Abgrund der Verlorenheit und des Nichts, dem jene Puppenspiel-Sätze entstammen, auch hinter der Gestalt des so viel aufgeklärteren, rationalistischeren Mephisto Goethes immer wieder ahnen zu lassen. Und wäre es nur im Anblick des verlorenen Paradieses, im Anblick Gretchens: «Du gut's unschuldig's Kind ...»

ÜBER DAS POSITIVE UND DAS NEGATIVE AUF DEM THEATER

Anläßlich einer Inszenierung der «Gerechten» von Camus

Ist ein Werk darum abzulehnen, weil es «nur eine bittere Bilanz» zieht, aber «keine Kraft gibt»? Wäre nicht von diesem Standpunkt aus sogar Shakespeares «Troilus und Cressida» – das hoffnungsloseste, verzweifeltste Werk der dramatischen Literatur – ebenso abzulehnen, wie man etwa Goethes «Werther» als kraft-lähmend aus dem Buchhandel ziehen müßte?

Uns will scheinen, daß für Kunstwerke nur zwei Kriterien maßgebend sein dürfen: der künstlerische Wert und die geistige Reinheit und Konsequenz der vorgetragenen Ideen. Und dies unabhängig von der Schlußfolgerung, zu der der Dichter kommt. Kein noch so leidenschaftlicher Antikommunismus wird uns zum Beispiel hindern dürfen, einen Brecht als eine der wenigen bedeutenden dichterischen Gestalten dieser Zeit zu erkennen. Wir müssen es den totalitären Staaten überlassen, Kunstwerke nach ihrem optimistischen oder pessimistischen, religiösen oder nihilistischen, staatsfreundlichen oder staatsfeindlichen Gehalt, nach ihrer aktuellen Opportunität oder Inopportunität [im höchsten Sinn] – kurz: nach ihrer Weltanschauung zu bewerten.

Die künstlerische Bedeutung der «Gerechten» scheint uns in der heute ganz selten gewordenen dichterischen Kraft zu liegen, mit der hier, unter geradezu asketischem Verzicht auf äußere Handlungs-Effekte und auf jede artistische Spielerei, Menschen von Fleisch und Blut sich in Dialogen von kristallner Klarheit und Schärfe erklären, gegeneinander absetzen und entwickeln. Die Entlarvung der politischen Phrase durch die Konfrontation mit der Wirklichkeit des lebendigen Menschen ist von höchster Wahrhaftigkeit und Reinheit. Elisabeth Brock hat recht, wenn sie für Camus die Herkunft von der französischen Klassik in Anspruch nimmt. Sartre ist in gleichem Maß effektvoller, wie er künstlerisch oberflächlicher und geistig zynischer ist. An ihm nimmt man weniger Anstoß. Warum? Weil sich mit der Sartreschen Kaffeehaus-«Verzweiflung» gut und ungestört leben läßt. Camus aber hat den Impetus des leidend und leidenschaftlich Suchenden. Darum läßt er dem Zuschauer noch lange nach dem Ende der Aufführung keine Ruhe. Er macht sich nicht interessant. Er ist es. Die Diskussionen um ihn beweisen es.

Camus kann weder rechts noch links befriedigen. Er blickt auf jenen aufschlußreichen Zeitpunkt der historischen Entwicklung, da aus dem noch weithin christlichen Ruf nach sozialer Veränderung [Tolstoi, Dostojewski] die atheistisch-revolutionäre Tat mit all ihren Folgen wurde. Camus enttäuscht die Kommunisten, weil er ihren Weg verwirft, und er enttäuscht die Antikommunisten, weil er nur den Weg, aber nicht das erste Anliegen des frühen Sozialismus verwirft. Wer wie Camus weder auf dem Boden des christlichen Glaubens steht, aber zu wesentlich um die Liebe zum Menschen weiß, um sich dem toten Gesetz des Materialismus verschreiben zu können, zweifellos: der muß in die qualvolle und zunächst ausweglose Situation der «Gerechten» kommen. Diese schwierige Position, in der heute weite Kreise der europäischen Jugend ringen, mit unsentimentaler, unerbittlicher Klarheit und künstlerischer Kraft gestaltet zu haben, scheint uns das Verdienst des Dichters Camus. Und die geistige Reinheit, mit der diese Position in ihrer ganzen Fragwürdigkeit umrissen ist, scheint uns der Grund dafür, daß dieses Stück sich über ein Jahr auf der Pariser Bühne gehalten hat. Es gibt eine Darstellung der Verzweiflung und der Ausweglosigkeit, die mehr zum Nachdenken und zur

Besinnung auf den wahren Weg zwingt, als manch «positives» Werk.

Gewiß: Niemand wäre glücklicher, von der Bühne herab kraftvoll und eindeutig Antworten auf die Fragen der Zeit geben zu können als die Theaterschaffenden. Aber wo sind heute die Dichter, die das ohne Voreiligkeit vermöchten, und wie können wir von unsern Dichtern verlangen, was den Staatsmännern mißlingt und – was wohl nur das ganz und rein gelebte Christentum vermag?

In einer Zeit, in der durch die jahrelange Siedehitze der Tagespolitik und durch das Wirken der oft zitierten, auf fast allen Geistesgebieten und in allen politischen Lagern spürbaren «terribles simplificateurs» der Sinn für überlegenen menschlichen Humor und für das freie Spiel des von Parteidogmen unabhängigen Geistes mehr und mehr verlorenzugehen droht – in einer solchen Zeit scheint es uns unerläßlich, einen Dichter wie Friedrich Dürrenmatt vor allzu naheliegenden Mißverständnissen zu schützen. Wir wollen damit in keiner Weise der künstlerischen Beurteilung seines Stückes vorgreifen, aber wir möchten versuchen, das zumindest in seiner Blickrichtung ungewöhnliche Stück von vornherein im rechten Licht betrachten zu lassen, um jene Mißverständnisse zu vermeiden, unter denen etwa ein Wedekind sein Leben lang zu leiden hatte.

Wie dieser und wie Nestroy oder – man verzeihe, daß zur Verdeutlichung auch dieser große Name genannt wird – wie Aristophanes ist Dürrenmatt weder ein Zyniker noch ein Spötter um des Spottes willen, noch ein Nihilist. Wenn die drei bisher von ihm vorliegenden Bühnenwerke «Es steht geschrieben», «Der Blinde» und nun auch «Romulus der Große» in ihren künstlerischen Mitteln von blutigstem Ernst bis ins Groteske und Burleske reichen, so sind diese Mittel niemals billiger Selbstzweck, sondern stets nur der Ausdruck verschiedener Aspekte einer und derselben Welt und derselben Problematik, die bei Dürrenmatt immer eine in absolutem, kompromißlosem Sinn christliche ist.

«Romulus der Große» ist ein Spiel um Schuld und Unschuld im Völkerleben. Es ist ein Spiel um Macht und Ohnmacht des ewig wehrlosen, persönlichen Geistes in einer ihn mit Waffen, Geld und mit Schlagworten jeder Art be-

drohenden Welt, die ihren eigenen selbstverschuldeten Verfallsprozeß nicht fühlt und nicht erkennt.
Es geht in diesem Spiel um das Ende des im Laufe seiner blutigen Geschichte verkommenen kaiserlichen Römischen Imperiums und um den Übergang der Macht an das junge, noch von keiner Kultur beleckte Germanentum. Es wäre abwegig, in den grotesken Germanenszenen des letzten Aktes eine billige Persiflage auf die jüngste deutsche Vergangenheit zu sehen, wie es auch abwegig wäre, etwa jenes kühne, wahrhaftige Gespräch zwischen Romulus und seiner Tochter über den politischen Mißbrauch, den der Machtstaat jeder Prägung mit dem Wort «Vaterland» treibt, als Absage an die echte und natürliche Liebe zur Heimat zu mißdeuten. [Man denke eher an Hölderlins «Verbotene Frucht, wie der Lorbeer, ist das Vaterland! Die aber kost' ein jeder zuletzt!»] Die einzig berechtigte Gedankenverbindung ist die einer vergangenen Kulturkatastrophe mit der allgemein europäischen unserer Tage, die ja keineswegs nur Sache irgendeines einzelnen Landes ist. Hier, aber nur hier, ergeben sich Assoziationen, Parallelen, Fragen und Antworten, freilich Antworten außerhalb der Tagespolitik und ihrer Rezepte, und auch hier nur im weitesten Sinn. Man hüte sich also vor Kurzschlüssen!
«Romulus der Große» ist der Versuch, ohne jede politische Prätention, aber mit Geist und Herz, sich ein wenig über den ganzen abgegriffenen Untergangsjargon unserer Tage in jene Bereiche zu erheben, von denen aus sichtbar wird, daß zwar ganze Erdteile und Kulturepochen tragisch untergehen können, daß aber die Welt, der Mensch und der Geist deshalb noch nicht verloren sind. In diesem Sinne ist «Romulus der Große» trotz aller tiefen Skepsis ein tröstendes Spiel. Und es verdient trotz der beiden weit ins Tragische vorstoßenden Mittelakte – der erste und der satyrspielartige letzte bilden gewissermaßen den heiteren Rah-

men – den Namen Komödie insofern, als uns täglich bedrängende Begriffe und Redensarten mit humanem Wirklichkeitssinn und mit satirischer Kraft ihrer Phrasenhaftigkeit beraubt und auf ihren wahren Gehalt zurückgeführt werden und aus der in der Geschichte immer wiederkehrenden Sintflut unzerstörbar das Bild des in ernster Heiterkeit glaubenden, liebenden und hoffenden Menschen auftaucht.

DIE LIEBLINGSROLLE

Eine unmögliche Frage und der Versuch einer Antwort

Nächst der Frage «Wie lernen Sie bloß so viel Text auswendig?» oder «Was machen Sie eigentlich tagsüber?» und «Was denken Sie über die Theaterkrise?» vermag wohl kaum eine Frage Schauspieler so in Verlegenheit zu setzen wie die häufige nach der «Lieblingsrolle». Ist die Lieblingsrolle nicht naturgemäß die, an der man gerade arbeitet? [Ist sie's nämlich nicht, dann mißglückt sie meist ...]

In dieser Saison jährt sich für mich zum fünfundzwanzigstenmal der Tag meines Eintritts in das Zürcher Schauspielhausensemble. Es war im Herbst 1933. Im ganzen liegen sechsunddreißig Theaterjahre hinter mir, gestopft voll mit Rollen jeden Stils, jeden Alters und jeden Charakters. Von Aischylos bis Dürrenmatt. Ich hatte das seltene Glück, all das spielen zu dürfen, was einem so auf der Schulbank lockend vorgeschwebt hatte, alles, wirklich alles, was das Herz begehrte: Orest [den antiken und den von Goethe und last not least den von O'Neill], Tasso, Carlos, Hamlet, Marc Anton, Franz Moor, Mortimer, Cyrano, Posa, Wurm, Bleichenwang, Leontes, Robespierre, Angelo, Malvolio, Harpagon, Tartuffe, Arnolphe, Philipp, Mephisto [allein diese Rolle im ersten Teil in vier verschiedenen Inszenierungen und dreifach im zweiten Teil des «Faust»] und zahllose andere klassische und moderne Herrlichkeiten. Und nun soll einer mir helfen und sagen, welche einzelne all dieser Rollen schöner ist als alle andern, welche zur «Lieblingsrolle» erklärt werden dürfte? Eine unmögliche Frage! Und gerade diese Frage stellt mir die Redaktion unserer Festschrift.

Aber, seltsam genug, nun muß ich gestehen, daß es für mich

tatsächlich doch so etwas wie eine Antwort auf diese unmögliche Frage gibt, freilich erst seit wenigen Jahren. Ja! Unter all meinen Rollen wurde für mich wirklich eine wie durch einen Blitz gezeichnet und, wohl für immer, aus allen anderen herausgehoben. Und nun muß ich, wie es in Dingen der Liebe nicht anders möglich ist, sehr Persönliches berichten, was bei dem nicht alltäglichen Anlaß dieser Festschrift wohl einmal erlaubt sein mag.

Dr. Erich Brock – Dank sei ihm! – sagte eines Tages in Zürich zu meinem Freunde Horwitz: «Sie sollten sich einmal mit Molières viel zu wenig gespieltem ‹Misanthrope› befassen. Sie haben jemand für den Alceste im Ensemble.» Er meinte mich.

Wir lasen das Stück. Wir kannten es nicht, nein, wir kannten dies von Goethe so tief geliebte Stück nicht! Wir waren fasziniert. Und nun begannen wunderschöne Wochen, in denen wir in Horwitz' Zürcher Wohnung, umgeben von allen uns zugänglichen älteren und neueren Übersetzungen des Werks, jene deutsche Textfassung herstellten, der gemäß wir das Stück dann stets gespielt haben. Ich weiß noch – um ein Beispiel zu nennen – wieviel Sorgen uns der Schluß machte, wo Alceste in die Einsamkeit flüchten will

«... et chercher, sur la terre, un endroit écarté,
où d'être homme d'honneur on ait la liberté».

«Homme d'honneur», das wurde überall allzu wörtlich mit dem im Deutschen so sauer-spießbürgerlich klingenden Wort «Ehrenmann» übersetzt. Nach langem Zögern wagten wir entschlossen zu übertragen [statt zu übersetzen]: «... wo man die Freiheit hat, ein *wahrer Mensch* zu sein.» Denn das war es doch, worum es für Alceste geht.

Welch eine Dichtung!

Wie unglaublich modern: die kühne Sprach- und Sittenkritik eines Karl Kraus, unvermittelt daneben die erotische Leidenschaft und Verlorenheit eines Wedekind, die ewig wehrlose Ausgesetztheit des kindlichen, genialen Menschen, die unverhüllte, herbe Ausweglosigkeit der Allermodernsten, bei Molière freilich erwärmt von der Glut eines Welt und Menschen liebenden Herzens [denn dieser «Menschenfeind» ist paradoxerweise der größte Liebende unter all den Figuren dieses Spiels]. Welch ergreifendes Selbstporträt Molières: der untrügliche Sinn für das Ursprüngliche, Volkstümliche, die Verachtung des leeren Ästhetentums und alles verblasenen Kunstgeschwätzes, die männliche Noblesse der Frau gegenüber, die ihn fast zugrunde richtet [man weiß, wieviel Herzblut des Dichters in die Beziehung Alceste-Célimène eingeströmt ist] – und all dies formuliert und gefaßt in der altmodischen Strenge des meisterhaft vollendeten, gereimten Alexandriners.

Welch eine Dichtung!

Ist es eine Tragödie? Nein. Eine Komödie? Nein. Es ist eine reine Tragikomödie. Die erste, die mir in meinem Schauspielerleben bewußt wurde und die mich sogleich im Innersten ergriff und beglückte, weil diese Kunstgattung, die Tragikomödie, die bei Molière die blutvollste Gestalt gefunden hat, für mich das wahrste und erschöpfendste Abbild des menschlichen Lebens darstellt, die schlechthin humanste Gattung des Dramas, über die hinaus eigentlich wohl nur noch das christliche Mysterienspiel zu führen vermöchte. So wenigstens will es mir scheinen.

Unser erster Versuch, diese Dichtung auf die Bühne zu bringen [Zürich, 1943], glückte nur halb. Ich war viel zu stark von Alcestes tragischen Seiten beeindruckt, und es gelang mir nicht, jenes Gleichgewicht zwischen Tragischem und Komischem zu finden, das Molière in so einzigartiger Weise gemeistert hat. Erst als wir das Stück zum zweiten Male zusammen arbeiteten, diesmal in Basel und, wie seither immer, mit Agnes Fink als Célimène und, wie von Anbeginn, in dem herrlichen Bühnenbild Teo Ottos, kamen wir der Lösung des Problems nahe. Als wir uns dann zum drittenmal gemeinsam an den «Misanthrope» machten, in München, nach sechzehn Jahren zum erstenmal wieder in Deutschland, da gelang die Aufführung endlich ganz. Die Premiere wurde zu einem vollen, glücklichen Sieg von Stück und Aufführung, der für Horwitz die Intendanz des Bayrischen Staatstheaters nach sich zog und mir mit eins das Münchner Publikum gewann. Nun kehrten wir wieder ins alte Zürich zurück. Und hier, bei der vierten Inszenierung der immer mehr geliebten Dichtung, konnten wir nun endlich auch in Zürich den «Misanthrope» so zeigen, wie er uns seit je vorgeschwebt hatte. So wurde die Begegnung mit Molière in der Gestalt des Alceste für mich künstlerisches Schicksal und Glück.

Ich gestehe, daß ich bis dahin gerade von Molière nur eine beschämend oberflächliche Vorstellung hatte. Er war mir immer lediglich als virtuoser Vollender der Commedia dell'Arte erschienen. Daß und wie sehr Molière dem andern großen Schauspieler-Dichter, Shakespeare, an Hintergründigkeit und Tiefe der Menschendarstellung nahekommt, was für einzigartige, aufregende Entdeckungen den Schauspieler gerade in der Welt Molières erwarten, davon hatte ich nichts geahnt.

Und als ich dann, bei immer bewegterer Beschäftigung mit dem Phänomen Molière, begriff, welch schweres, leidenschaftliches Menschenleben hier kühn in schwerelose Kunst verwandelt worden war und wie wahrhaft tapfer dieser einem höllischen Dasein ausgesetzte Mann sein Herz, ja seine Existenz mit den blanken Waffen des Geistes verteidigt hatte, da wußte ich, daß ich am Ort meiner innersten künstleri-

schen Liebe und Verehrung angelangt war. So wurde Alceste meine «Lieblingsrolle».
Ohne Alceste hätte ich wohl nie Dürrenmatts Bodo von Übelohe [in «Die Ehe des Herrn Mississippi»] gestalten können, die Rolle, die mir, nach Alceste, am liebsten wurde. Aber nun wird es Zeit für mich, innezuhalten. Denn sonst würde ich über die – zweite Lieblingsrolle schreiben und mich selbst desavouieren ...
Danken aber möchte ich nun heut und hier unserem erinnerungsreichen, lieben Haus am Pfauen, wo ich solches erleben durfte, diesem kleinen Theater, das so vielen von uns zur heimlichen Heimat wurde, danken für die paar Quadratmeter Holz, die es uns bot, um – bald gut, bald schlecht – darauf Theater zu spielen, danken all den guten Kameraden, auch den längst abwesenden, mit denen zusammen wir lebten und arbeiteten, liebten und haßten, litten und lachten, danken schließlich dem unverwechselbar geprägten, offenen Geist einer Theaterführung, in deren Atmosphäre «d'être homme d'honneur on ait la liberté».

Voltaire und Shakespeare: der eine
Ist, was der andre scheint.
Meister Arouet sagt: ich weine;
Und Shakespeare weint. *Claudius*

Kunst und Natur
Sei auf der Bühne eines nur. *Lessing*

Die hier folgenden unsystematischen Betrachtungen sollten eigentlich nicht den irreführenden Titel «Gespielter Schmerz» tragen. Es geht um die Darstellung des Schmerzes auf der Bühne. Und mein Anliegen ist gerade, begreiflich zu machen, daß es sich um etwas ganz anderes, weit Hintergründigeres und Komplizierteres als lediglich «gespielten» Schmerz handelt.

Wie einfach hatte es im Vergleich zum heutigen europäischen Schauspieler der der Antike. Sein privates Gesicht war hinter der tragischen Maske verborgen, die den darzustellenden Schmerz in gleichsam gefrorener, objektivierter Reinheit zum Ausdruck brachte. Nuancierungen waren lediglich durch das Mittel der Geste und der Stimme möglich. Wer je dem Versuch, ein antikes Werk in Masken zu spielen, oder aber auch einer chinesischen oder japanischen Theateraufführung beigewohnt hat, weiß, welch unheimliches Eigenleben die Maske auszuströmen vermag. Die Phantasie des Zuschauenden erliegt wider sein besseres Wissen der Illusion, die starren Züge der Maske in leidenschaftlichste

Bewegung geraten, ja Tränen aus den hölzernen Augen fließen zu sehen.
Welch weiter Weg von dieser puren, vergeistigten Form bis zur subtil photographierten naturalistischen Filmträne unserer Tage, die in wohlbeleuchteter Großaufnahme kontrollierbar das Antlitz des Stars überschwemmt! ...

Seit dem Verzicht auf die Maske ist das Problem der Bühnenwahrheit, der Echtheit, insbesondere der Echtheit in der Darstellung des Schmerzes, das des europäischen Schauspielers. Wie steht es damit?
Vom großen Matkowsky, dem elementaren, naiven Urtalent der Jahrhundertwende, wird erzählt, er habe sich als Othello, vor einem Auftritt, der den furchtbarsten psychischen Schmerzausbruch verlangt, von dem Inspizienten mit aller Wucht auf die Zehen treten lassen, um dann mit einem markerschütternden «echten» – freilich physisch bedingten, nur ins Psychische transponierten – Schmerzensschrei, der den Zuschauern die Gänsehaut über den Rücken jagte, auf die Bühne hinauszustürzen ...
Diese Anekdote dürfte wohl in extremster Form genau das beinhalten, was Brechts «Verfremdungsprinzipien» verabscheuen und von der Bühne verbannt wissen wollen. Brecht, der entscheidendste Impulse vom chinesischen Theater empfangen hat, erstrebte eine restlos bewußte, von jeder privaten naturalistischen Empfindung befreite Darstellung. Ich erinnere mich an eine Brecht-Aufführung, nach der die Hauptdarstellerin, die an einer Stelle ihrer Rolle echte Tränen nicht zurückzuhalten vermocht hatte, zu mir sagte: «Brecht wird mir sehr böse sein!»
Ich persönlich – und man kann über dieses schwierige Thema nur subjektiv reden – glaube, daß die Wahrheit in dieser Sache genau in der Mitte zwischen der rohen Natur und der

puren Form liegt. Die Bühnenexistenz des Schauspielers, jenes wenige Stunden erfüllende Dasein in fremder Gestalt und fremdem Geschick, ist weder ausschließlich mit dem Begriff der Echtheit noch dem der objektiven Verfremdung zu erfassen. Es handelt sich hier, so will es mir scheinen, um etwas Drittes, das beide Begriffe umschließt und in etwas Neues, schwer Beschreibliches verwandelt – schwerbeschreiblich, weil dafür, wie für die meisten Dinge des Theaters, keine eindeutige begriffliche Terminologie existiert. Es gibt eine Ästhetik des Dramas, aber keine – oder wenigstens nur eine sehr fragmentarische – der dramatischen Darstellung.

Die Frage, die uns so häufig gestellt wird: «Sind Sie während des Spiels mit der darzustellenden Figur identisch, oder spielen Sie sie nur?», ist in dieser Form gar nicht zu beantworten.

Es ist doch klar: Wären wir restlos und ausschließlich, sozusagen ohne jedes Bewußtsein unser selbst, nur die Figur, die wir verkörpern – wir könnten unmöglich alle notwendigen Beziehungen zu Partner und Publikum mit der unerläßlichen, wachen, sich allabendlich wiederholenden Präzision beachten. Würden wir aber unsere Rolle nur «verfremdend» spielen, unsere Effekte rein bewußt setzend, so entstünde unweigerlich eine artistische Marionettenkälte, die Brechts Lieblingsschauspieler übrigens keineswegs ausstrahlen. Seine eigene lebensprühende, hinreißende, unbeschreiblich anregende Regiepraxis widersprach oft auf das erstaunlichste seiner abstrakten Theorie.

Der einzigartige, seltsam aus echter Identifizierung und gleichzeitigem Darüberstehen unentwirrbar gemischte, wenn man so will: schizophrene Zustand eines Wachtraums ist es, der unsere Bühnenexistenz in ihren besten Momenten charakterisiert. Und die kleinen Gleichgewichtsschwankungen zwischen dem Bewußten und dem Unbewußten sind es, die einen wesentlichen Reiz des schauspielerischen Balanceaktes bestimmen, sie machen jene erregenden Qualitätsschwankungen in ein und derselben Rolle an verschiedenen Abenden aus, sie sind ein Teil von unserem künstlerischen Glück oder Unglück.

Gefühlsstarke Schauspieler kennen die große Gefahr, von dem in der Rolle geforderten Erlebnis eines Schmerzmomentes derart übermannt zu werden, daß ihnen Tränen die Stimme verschlagen und so, durch übermächtige private Empfindung, die Darstellung der Rolle ins Wanken zu geraten droht. Man ist nämlich seltsamerweise keineswegs an jenen Abenden am besten, an denen man privat am meisten empfindet [ein Selbstbetrug, dem junge oder sehr naive Schauspieler leicht erliegen]. Unerbittlich gilt: der Zuschauer soll weinen; ob der Darsteller des schmerzerfüllten Augenblicks das real tut oder nicht, ist völlig belanglos! Die echte Bühnenträne, ein unberechenbares Ereignis des Augenblicks, ist oft in ihrer Wirkung höchst fragwürdig. Es ist übrigens eine bekannte Erfahrung, daß ein leidtragender Mensch, der [zum Beispiel bei einem Begräbnis] seinen Schmerz beherrscht in sich verhält, meist viel erschütternder auf die Umstehenden wirkt als einer, der seinen Tränen freien Lauf läßt und so die schmerzliche Spannung seines Innern selbst löst und dahinfließen läßt.
Umgekehrt droht nun aber verstandesbetonten Schauspielern die mindestens ebensogroße Gefahr leeren, routinierten Virtuosentums. Schauspielern, die sich einer Virtuosität rühmen, in den größten dargestellten Affekten «kalt» zu bleiben, soll man mit Mißtrauen begegnen. Zudem gibt es tatsächlich manche Theater- und Filmschauspieler, be-

sonders weiblichen Geschlechts, die sozusagen automatisch Tränen in beliebiger Anzahl und Qualität produzieren können: die schimmernde Träne, die langsam quellende, die verhaltene, die tropfende, die strömende, die stürzende ... Hier handelt es sich natürlich lediglich um ein physiologisches, mehr oder weniger hysterisches, bestenfalls sentimentales und in jedem Fall nichtssagendes Kunststück, nicht um Kunst. [Hierher gehört noch das extreme und schändliche Beispiel jenes nicht unbekannten Berliner Schauspielers der Wilhelminischen Zeit – sein Name sei verschwiegen! –, der sich nicht entblödete, bei Hamlets «Sein oder Nichtsein», die Rechte denkerisch ans Kinn gelegt, mit der von ihr verborgenen Linken, genauer: mit deren Daumen und Zeigefinger, am Kehlkopf zu vibrieren, um ein «seelisches Tremolo» vorzutäuschen. Wahrhaftig, «gespielter» Schmerz! ... Solche Entgleisungen des Geschmacks sind gottlob von der Bühne verschwunden.]

Zur Illustration des bisher Gesagten sei es mir erlaubt, zwei Anekdoten zu berichten:

Der große Kainz spielte erschütternd den Tod des Cyrano de Bergerac. Das Publikum schluchzte. Kainz bemerkte mitten im Spiel, wie seinem neben ihm stehenden Bühnenpartner die Tränen der Ergriffenheit in die Augen traten, und flüsterte dem Kollegen blitzschnell ironisch zu: «Fällst du auch drauf herein?»
Nichts wäre nun törichter und ungerechter, als Kainz deshalb kalter Virtuosität zu zeihen. Die wirklich-unwirkliche Atmosphäre der Bühne hat unbegrenzten Raum für das Unwahrscheinlichste, auch für Sprunghaftes, Groteskes, Spukhaftes, ja Dämonisches. Das besinnungslose Herz und der besonnene Verstand schalten beim echten Schauspieler, im

Idealfall, einander nicht aus, sondern führen für wenige Bühnenstunden eine vollkommene, untrennbare Ehe und sind, sonderbar genug, eins.

Das zweite, für das, was ich begreiflich zu machen suche, vielleicht noch charakteristischere Beispiel habe ich als Zwanzigjähriger mit Staunen selbst erlebt:

Bassermann, der große Meister des Naturalismus [von dem nur Ahnungslose meinen, das sei kein in sich strenger Stil wie jeder andere, sondern nur einfach stil- und formlose, simple «Natürlichkeit»], gastierte als Hauptmanns «Kollege Crampton» an den Münchner Kammerspielen. Ich durfte als sehr junger Anfänger den tückischen polnischen Pedell Janetzky spielen, der dem alten, veralkoholisierten Malergenie Crampton die Meldung zu bringen hat, daß der Herzog, der die Akademie mit seinem Besuch beehrt, seine – Cramptons – Klasse provozierend übergangen habe und bereits abgereist sei. Darauf hat Bassermann-Crampton, in Scham und Wut über den schadenfrohen Pedell, zu stammeln: «Was grinst denn der Kerl?» und eine im Atelier herumstehende Gipsvenus nach dem «Kerl» – in dem Fall nach mir – zu schleudern.

Bassermann erschien zur Probe. Als die geschilderte Szene an der Reihe war, sagte er in seiner krächzenden Mannheimer Melodie: «Nu paß mal auf, mein Junge! Nach deinem Satz mach' ich erst eine lange Pause und starr' dich an. Dann schlottr' ich zweimal so mit dem Knie, siehste?» [Er tat es.] «Dann sage ich: ‹Was grinst denn der Kerl?› Dann zieh' ich so mit drei Schnarchtönen die Luft durch die Nase ein, hörste?» [Er tat es.] «Und genau vorem dritte Ton mußte mache, daß de 'rauskommst, denn dann fliecht gleich, aber sofort, de Venus! Die darf nur noch die Türe hinter dir treffe. Haste verstanden?» Ich sagte: «Ja!» Er sagte: «Na, nu mache mir's mal!»

Ich sagte den höhnischen Satz. Bassermann starrte mich mit

sich weitenden Augen an und tat nun alles, wie angekündigt. Aber was er nicht angekündigt hatte und was mich jede, aber auch jede Reaktion vergessen ließ, war das *innere Leben*, das nun die vorher so minutiös angesagten Details erfüllte. Ja, er schlotterte zweimal mit dem Knie, aber der ganze große Mann schien dabei ins Schwanken zu kommen; er stammelte, fast tonlos wimmernd, wie ein Kind, den Satz: «Was grinst denn der Kerl?»; ja, er zog schnarchend dreimal die Luft durch die Nase, aber zugleich lief sein Gesicht rot an, die herrlichen blauen Augen funkelten böse und verzweifelt zugleich, in Scham und Wut, urplötzlich holte er wild mit den Armen aus und – ja: «... und jetzt haste die Venus schon am Koppe!» rief er lachend, den Gipstorso in der zum Wurf gereckten Hand, das Gesicht noch zuckend und glühend vom Affekt. Ich stand noch immer mit offenem Mund ...

So ist das mit dem «gespielten» Schmerz. Ist er nur gespielt, wirkt er unecht. Ist er nur erlebt und nicht gestaltet, wirkt er roh. *Die magische Untrennbarkeit von Innerlichkeit und Virtuosität ist das Gnadengeheimnis des schauspielerischen Genies.* Diese Zweieinigkeit von Innen und Außen, von Inhalt und Form, von Herz und Geist, von Traum und Wachheit ist die Wurzel, aus der auf dem Höhepunkt jeder groß gespielten Tragödie jene *grande scène* erwächst, wo der Zuschauer in atemloser Stille den Herzschlag des Schauspielers und der Schauspieler den des Publikums zu spüren meint und wo beide, Zuschauer und Schauspieler vereint, sich von dem allmenschlichen Geheimnis des Leids umfangen wissen, jenem unergründlichen Geheimnis, unter dessen Flügelschlag wohl auch, Jahrhunderte vor Christus, die Tausende im alten Dionysostheater zu Athen erschauert sein mögen, wenn aus dem Mund der Maske der Kassandra, drei Schritt vorm Tod, der Schrei zum Himmel stieg: «Apollon! Apollon!»

Und da wir so unversehens wieder im antiken Raum angelangt sind, von dem wir ausgingen, sei zum Beschluß, gewissermaßen als Satyrspiel, noch auf ein besonderes Phänomen hingewiesen: Es gibt echte Darstellung leidenschaftlichsten Schmerzes, über die der Zuschauer lacht und lachen soll. Ich rede vom Gebiet des Tragikomischen, wie es bei Shakespeare und, in höchster Vollendung, bei Molière erscheint. Hier, bei Molière, hat ein großer Dichter, der zugleich sein eigener Schauspieler war, in beispielloser Selbstentäußerung die unheilbarste Wunde seines Privatlebens enthüllt. Er hat seine eigenste Not, in Kunst verwandelt, auf die Bühne getragen und sie dem Gelächter des Publikums preisgegeben. Wer je diese großen Molière-Rollen spielte, weiß um das unheimliche Fluidum, in das man sich da begibt, ein Fluidum extremster Verzweiflung, dem, von wenigen erschreckend ernsten Momenten abgesehen, das Gelächter des Publikums antwortet. Hier überschlägt sich der Schmerz. Er ist echt, ja, übersteigert echt. Aber sein Anlaß ist höchst lächerlich: der zu alte Liebhaber, dem ein junges Mädchen entgleitet [Arnolphe in «Schule der Frauen»]. Der wahrheitsbesessene Misanthrop, der vor der schillernden Lüge der von ihm geistig überforderten Célimène alle Konsequenz und Fassung verliert. Der geizige Harpagon, der das Geld so liebt, wie man nur einen Menschen lieben darf, und dem nun seine Geliebte, die Kassette, gestohlen wird, und so weiter.
Schauspieler, die all diese für den Betroffenen zweifellos furchtbaren Schmerzen lächerlich darstellen wollen, verfehlen die Tiefenwirkung. Im Gegenteil: Je ernster, je leidenschaftlicher, je echter verzweifelt der Schauspieler sein

Molièresches Elend spielt, desto komischer wird er wirken. Hier identifiziert sich das Publikum nicht mit dem Schmerzgeschlagenen da oben auf der Bühne. Das Publikum fühlt sich ihm glücklich überlegen. Und darum lacht es ihn fröhlich aus. Hier mag es geschehen, daß der Schauspieler weint und das Publikum lacht. Das eben gehört zum Glanz der Tragikomödie!
Über das Schicksal des Ödipus weinen wir Tränen. Über das Unglück des Arnolphe lachen wir Tränen. *Les extrêmes se touchent*. Denn um die menschliche Träne ist es ein eigenes Ding.

QUELLENVERMERK

Früher erschienene Aufsätze wurden folgenden Quellen entnommen: «Die Entmündigung des Schauspielers» der Zeitschrift «Die Bühnengenossenschaft», August 1959; «Mephisto beschwert sich» und «Mephisto bekennt» dem Programmheft des Schauspielhauses Zürich, November 1958; «Über das Positive und das Negative auf dem Theater» dem Programmheft des Basler Stadttheaters, November 1950; «Über Friedrich Dürrenmatts ‚Romulus'» dem Programmheft des Basler Stadttheaters, April 1949; «Die Lieblingsrolle» der Festschrift zum zwanzigjährigen Bestehen der Neuen Schauspiel AG, Zürich, 1958/59; «Gespielter Schmerz» der Zeitschrift «Du», Februar 1959.

GEDICHTE

Molière

Ferner Freund geheimer Not
Geistesgruß, der zu mir sprach,
kenne ich doch das bittre Brot,
das der letzte Tag dir brach –

Dichterseele, Komödiant,
hinter bunten Masken Qual
von der Trauer übermannt,
die dich in dein Lachen stahl:

Hellen Witzes, mit ~~blanken~~ scharfen Klingen,
fochtest du dein Leben blank,
schenktest armen Toren Schwingen
Jean Baptiste Poquelin –

Hab Dank!

1958

Von Ernst Ginsberg handgeschriebenes Gedicht

UNDINE

DE PROFUNDIS

Laß meine Hand nicht los, nie, mein Gott!
Und wenn ich versinke
und meinen Augen die Sterne entschwinden
verlaß mich nicht! Ich glaube!

Und schreite ich matt unter dem Gesetz Deiner Liebe
doch wie beschwingt in der Sünde:
Lehre mich, strafe mich, züchtige!
Sei nicht so ungnädig, mich gewähren zu lassen!

Und tu ich das Böseste, laß es zum Guten ausschlagen
wie, ach, so oft –
Ja, tue ich, was ich nicht will
oder will ich nicht, was ich soll
und verwirren sich mir die Pfade der Sterne
und dieser allzugeliebten Erde

so bleibe bei mir, und sei es auch
in der Nacht aller Nächte
in der gewaltigen Lüge –

Denn wer mich liebt, liebt einen Andern
nicht den, der ich bin.
Du aber erkennst mich. Sonst niemand.
Selbst ich nicht.
Und Du nur kannst helfen, sonst niemand.

Denn Du, der Du in das zerbrochne Gefäß
Deine Sterne legst
der Du Deinen Tempel
lächelnd aus Scherben errichtest:
Du bist die Gnade.

Aus der Tiefe rufe ich zu Dir:
Laß meine Hand nicht los, mein Gott!
Mög ich vergehen im Licht Deiner Sonne.
Verlaß mich nie! Ich bin nackt und stumm.
Ich glaube.

NACHTS VOR EINEM BILD

Undine aus dem tiefen See
Undine steige auf!
Die bange Lust, das süße Weh
hab alles seinen Lauf!

Aus blauem Wasser, grünem Licht
steig auf, geliebter Traum.
Bevor die Nacht am Tag zerbricht
vergehst du mir zum Schaum.

Nur einmal schlag die Augen auf
und leg die kühlen Hände
mir in das Herz. Und wär es auch
das Ende.

TRAURIGER ABZÄHLREIM

Ich liebe dich
Du liebst mich nicht
Ich bin die Nacht
Du bist das Licht
Ich bin der Schmerz
Du bist das Glück
Drum schaue nie
zu mir zurück
Ich weiß und fühl es
bitterlich:
Du liebst mich nicht
Ich liebe dich.

OSTERBIRKE

Kahlzweigig, von frierenden Amseln betrauert
so harrtest du lange, von Hoffnung durchschauert.

Nun blühn dir zu Füßen die weißen Narzissen
die Engelsblumen, die schweigen und wissen.

Schon schmückst du dich hell mit dem luftigen Grün
das Sonne umschmeichelt und Sterne durchglühn.

Dein Frühlingsantlitz, nun darfst dus erheben
zum schuldlosen auferstehenden Leben.

ALTES KARUSSELL IM ENGLISCHEN GARTEN

Dreh dich schnell, dreh dich schnell
liebes altes Karussell.
Löwe, Storch und Krokodil
traben mit im Ringelspiel.

Schimmel hü! und Schlitten ho!
Kutsche und Karosse!
Kinderaugen glitzern so
heiß auf hohem Rosse.

Orgel zieht in süßem Takt
Melodienkreise.
Apfelbacke, Kirschenmund
macht Euch auf die Reise!

Wie sichs immer schneller dreht
rumpelrund im Schwindel
seid ihr, eh ihrs euch verseht
im Paradies, Gesindel.

Doch auf einmal ists vorbei.
Aus das Spiel, die Lieder.
Kinderherz, brich nicht entzwei:
Du fährst niemals wieder.

APRIL

Schneeregen zwischen dir und mir
Versunkner Pfad vom Dort zum Hier
Der Nebel will es und der Wind
daß keins das Andre wiederfindt.

DEM PHANTOM

Ich hab dich geliebt
und ich liebe dich noch
Ich wollte dich hassen
und liebte dich doch
Ich mied dich durch Wochen
durch Monde, manch Jahr
Die Flucht war die Lüge
Die Liebe blieb wahr.
Und ob ich dich lärmend
am Tage vergaß –
Die Nacht, das warst du
die mich schweigend besaß.

OHSTADT

Stadt, die zu zweit wir durchschwiegen haben
Nächtliche Vorstadt – Laternenecke
Stadt, deren Pflaster ich atme und schmecke
Stadt, wo die Liebe den Scheidebrief schrieb
Stadt, wo ich starb und am Leben blieb
Du bist die Stadt, die mich lebend begraben.

Ich denke dessen, was ich einst besaß
Die Zeit zerrinnt, seit ich vom Nachtwind aß.

Ich denke ihrer, die mich längst verriet
Nun such ich das Unfindbare im Lied.

Nicht Tag nicht Nacht vermag ich mehr zu fassen
seit ichs vermochte, meinen Traum zu hassen.

LIED

Heut hört ich den Vogel Zeitvorbei
zur Nacht im Birkenlaub singen
seine mondkühle Weise von mancherlei
was die Tage nicht wiederbringen.

Er sang so süß und es klang so weh
so unwiederbringlich, so sacht –
Still trat ich ans Fenster. Er sang sein Ade
und flog mit dem Wind in die Nacht.

GRABSCHRIFT

Hier ruht:
Eine Liebe, die nur zu sterben vermocht
Ein im schmelzenden Wachs ertrunkener Docht
Ein Herz, das in wortlosem Übermaß
in die Sterne starrend zu schlagen vergaß.

Daß ich den Urreim nicht entbehren kann
von Herz und Schmerz –
Der alte Wehklang spornt und reißt
mich himmelwärts.

PIZ JULIER

Abschied vom Kinde Johannes

Als du mir schlummernd im Arme lagst
hoch unter den kreisenden Dohlen
hab ich dein Herz unserm Vater dort
Oben im Himmel empfohlen.

Wie schliefen wir weich auf dem Felsgestein
den Rucksack als freundliches Kissen.
Ein Wolkentraum log: es wird immer so sein
Doch frisch hat der Wind ihn zerrissen.

Als wir hinabgestiegen ins Tal
noch taumlig vom Höhenglück
da wußt ich: so war es zum letzten Mal
Dorthinauf führt kein Weg mehr zurück.

JAHR DES UNGLÜCKS
[1960]

Ich gehöre dem Tod. Ich gehöre dem Tod.
Er lenkt mich mit eisernem Zügel
mit eisigem starrem geheimem Gebot
bis hin zu dem sandigen Hügel.

Es gilt keine Flucht und es gilt keine Rast
Mir gebieten zwei knöcherne Hände
Die eine hält krallend die Zügel gefaßt
Die andere peitscht mich zum Ende.

PSALM

Darf ich ihn lieben, oh Herr
Deinen Boten, den Tod?
Sieh, ich verdorre.
Er nur winkt mir, ein Licht
für den Seemann bei Nacht
Klatschende Wogen ringsum
Grauen, Nässe und Leere.
Darf ich ihn lieben
den Haifisch im schwarzen Gewässer
daß er die Zähne mir schlage
ins todessüchtige Herz –
Jesus, erbarm Dich!

WARTEND

Wer einmal mit den Toten sprach
und Antwort empfing
kann dem lebendgen Schattentanz
nur noch lächelnd zuschaun.

Hände, die ihn streicheln, berühren ihn nicht
Lippen, die ihn küssen, küssen die Luft
Glieder, die ihn umfangen, verlieren den Ungreifbaren.

Er geht hindurch durch Tumulte und Zärtlichkeiten
und schaut und wartet.

Er wartet auf Ungeheures.

Wer läuft am schnellsten zu Gott? – Der Lahme!
Wie eilt, wie springt, wie stürzt er in Gottes
Unendlich geöffnete Arme!

VENI CREATOR SPIRITUS

In meinem Herzen werden Felsen gesprengt
schwarze Felsen des Hasses, zürnender Schwermut.

In meinem Herzen werden Straßen gezogen
weiße Straßen des Friedens.

In meinem Herzen flattern Fahnen
Mein Herz wartet und zittert –

ABSCHIED VON DER SPRACHE

Ich wähnte, ich eitler Narr, Du gehörtest mir
Weil Du mich Seligen trugst, Du geliebter Klang
Wohin immer ich wollte. Doch nun wird mir bang:
Einsamer Reiter bei seinem verendenden Tier.

Wohin immer er blickt, die Wüste ist hier
Endlos und leer. Nur Geier lauern auf Fang –
Neben ihm stirbt, was ihm treu war ein Leben lang
So, Du Geliebteste – Sprache! – so scheid ich von Dir.

Wie die Geliebte man weinend am Abschiedsort
Wenn es zuende geht wieder und wieder umfängt
So trennt mich fassungsloses Verstummen vom Wort.

Wie soll ich dich lassen, des Geistes menschlichsten Hort
Dich, an dem Himmel und Erde seit Anbeginn hängt –
Sprache, auf meinen Lippen verendende, stirb mir nicht fort.

ABSCHIED VON DEN DINGEN

Lebwohl, mein runder Tisch –
Lebtwohl, geduldge Stühle
Gott weiß, daß ich für euch
wie für Lebendges fühle
wie ihr hier vor mir steht.

Lebtwohl, lebtwohl, ihr Bücher
Geistboten meinem Leben
Vom Himmel und der Hölle
habt Botschaft ihr gegeben
mir, den ihr scheiden seht.

Oh Augenfreude: Bilder
und all ihr Gegenstände
ein Leben lang geliebt –
Euch streicheln meine Hände
eh es mich von euch weht.

Mein Schreibtisch und mein Bett
lebtwohl, hilfreiche Stätten:
durch Arbeit oder Schlaf
aus Zeitennot zu retten
wenn alles untergeht.

Nur du, mein Kruzifix
sollst mich hinabgeleiten
und mir das schwarze Grab
zum Himmelsleuchten weiten
wenn alles aufersteht.

Nun also. Es ist soweit. Sie putzen dir Zähne und Hintern.
Sie füttern das hilflose Wesen, zu dem du geworden.
Und du
Du bist dankbar, daß sie es tun, denn sonst wärst du,
du weißt es, verloren.

Mit wachem Kopfe und Herzen verfolgst du, was um dich
geschieht.
Du unterscheidest die Schwestern, die kommen und gehen:
die Gütigen,
Die Beschränkten, die Müden, die Bösen – denn nicht alle
sind Martha im Dienen.

Doch sie alle haben ihr Schicksal, die vom Lande wie die aus
den Städten.
Was für Augen blicken dich an! Diese jungen, noch
kälbchenhaft leeren
Und jene umschatteten, tiefern, viel wissenden – alles
verschweigend.

Ihr stilles Geheimnis: Ein Lächeln, das als Schnee über
Bergen der Arbeit
Leuchtet und kühlt und beruhigt, wenn dem Kranken
die Angsttränen quellen.
Am Tag scheint dies Lächeln oft mühsam, doch bei Nacht,
oh, bei Nacht kann es blühen.

Du aber, wenn sie am Abend den Psalm dir kindlich
verlesen
Wenn sie das Licht gelöscht und die raschelnde Leinwand
hinausweht
Schäme dich nicht deiner Rührung und bet für die
Diakonissen.

KÜNSTLICHE ERNÄHRUNG

Ich lerne meine Lektion immer besser.
Seid, mild-strenge Ärzte, bedankt:
so wird der allzu genüßliche Fresser
wahrhaft geschmack-los getankt.

UNTRENNBAR

Wenn Du leer Dir genügst
belügst Du mich.
Wenn Du mich, Herz, betrügst
betrügst Du dich.

BITTE

Oh mein Gott, in der Sturmflut dieser Zerstörung
in der mir die Sprache röchelnd ertrank
laß mir – oh schenk meiner Bitte Erhörung –
nur dieses einzige Wort noch: Dank.

AUSFAHRT

Mein lichtes Schiff du, weißes Krankenzimmer
Wie leicht trägst du mich fort aus dieser Welt –
Wie mir der Blick durchs Fenster wohlgefällt
In all dies blaudurchbrochne Grüngeflimmer.

Bald lichtest du den Anker, Schiff, für immer
Wenn der Kommandopfiff des Todes gellt.
Den Kompaß auf die Ewigkeit gestellt
Trägst du mich fort durch Nacht in Glanz und Schimmer.

Noch aber zwitschern mir von allen Zweigen
Die Vögel hell ihr kurzes Leben zu.

Noch liegst du, Schiff, im Hafen. Doch im Nu
Entschwindet uns der bunte Uferreigen.

DAS LETZTE

Das Letzte wird nicht die Tapferkeit sein
Vielleicht wirst du wimmern, vielleicht wirst du schrein.
Gewiß ist die letzte Verlassenheit nur:
Die arme, sterbende Kreatur.

BEKLEMMUNG

Der Engpaß
wird enger
Das Atmen
wird schwer
Mein Engel
blickt strenger
Kaum kenn ich
ihn mehr.

Der Föhn peitscht
die Zweige
hinauf und
hinab
auf daß er
mir zeige
wie nah ich
dem Grab.

Vertrautes
entzieht sich
Das Nahe
wird fremd
Die Nacht vielleicht
sieht mich
im Sterbehemd –

Ich falte
die Hände,
die lahmen,
im Geist
und bete
ins Dunkel
daß es
zerreißt.

ERLEICHTERUNG

Als wäre die Nacht nicht gewesen
findet der Tag mich befreit.
Fast ist's als könnt ich genesen
fast als blieb mir noch Zeit. –

Ich lausche dem Stundenschlagen
im Zürcher Glockengedröhn
und kann wieder alles ertragen.
Zu scheiden ist wieder schön.

ALLEIN

Verdämmern in leere Gefilde
Stundengang ohne ein Ziel
Traumtreiben fremder Gebilde
Hinter Lidern geädertes Spiel

In regungsloser Hypnose
harrend aufs Lager gestreckt
wie einst als Knabe im Moose
bis dich ein Menschliches weckt.

DEM KRANKEN FREUNDE

Als ich die Sprache verlor, hab ich die
Sprache gefunden
Also sei Gott uns gnädig: Wir Sterbenden
werden gesunden.

DUELL

Ich werde dir zeigen, was ich kann
spricht der Tod:
Ich mache aus dir einen Jammermann
in der Not.

Ich werde dir zeigen, was der Mensch ist
spricht das Herz:
In Jammer zerbrechend bleibt er ein Christ
auch im Schmerz.

KRANKENHAUSTERRASSE

Dies Abschiedsbild prägt meiner Netzhaut sich ein:
Ein blondes Kornfeld im Abendschein
die Weizenähren vom Winde bewegt
der auch in dem Laubwerk der Eschen sich regt.
Fern auf dem Feldweg die eilenden Hauben
der Diakonissen, milchweiße Tauben.
Die Vogelwelt flötet sich leise zur Ruh
und groß blickt der Himmel dem Nachtwerden zu.

TÄGLICHES GEBET IN LANGER KRANKHEIT

Ich bitte Dich, Herr, um die große Kraft
diesen kleinen Tag zu bestehen
um auf dem großen Wege zu Dir
einen kleinen Schritt weiterzugehen.

FRÜHER UND HEUTE

Früher träumt ich vom Fliegen
und weinte, war ich erwacht –
Heute weint ich im Traume:
er hatte mich gehen gemacht.

TRAUM

Ein Schiff mit schwarzem Segel
fuhr nächstens in meinen Mund
Sein Anker durchbohrt mir die Zunge
Da ward ich stumm zur Stund.

Von fern noch ein einsames Geigen –
Dann eine Saite, die sprang –
Dann unergründliches Schweigen
ohne Ton, ohne Laut, ohne Klang.

BETRACHTUNG

Das Kommen der Kranken
Das Gehn der Gesunden –
sieh ihm zu.

Sie gehen zum Leben
Du bleibst zum Sterben –
halte Ruh.

Viel Tausende gehen
Du bist lahm –
bleib im Haus.

Viel Tausende sprechen
Du bist stumm –
halte es aus.

Das holde Leben
ist nicht mehr dein –
sei ein Mann.

Du brauchst den Tod
er kommt dich befrein –
sieh ihn an.

RÜCKBLICK

Das war das Leben? – Dies glitzernde Ding
das schaukelnd hoch oben im Christbaum hing
ewig unerreichbares Schweben
ewige Lockung – Das war das Leben.

Das war das Leben? – Die rasche Sekunde
dir aber schien sie wie Stunde um Stunde
endlose Zeit, zur Vergeudung gegeben
plötzlich zu Ende – Das war das Leben.

SPUK

Mitten im Grünen
starrt das Auge der Gorgo:
Verstumme!

Gesträubten Haares
spür ich wie mir die Zunge im Munde
sich langsam in Steinernes wandelt.

Ach, ich bin doch schon lahm
Warum noch das Letzte mir rauben
was den Menschen von Tieren scheidet:
die Sprache –

Mitten im Grünen
starrt das Auge der Gorgo:
Verstumme!

FREILASSUNG

Blick um dich
Paradiesvogel:
der Käfig ist offen.

Ich zerbrach das Schloß
Ich zerbrach das Glas
Meine Hände bluten.

Flattre hinaus
entfalte die Flügel
steig auf –

Mein Herz blickt dir nach
großäugig –
steig höher!

Immer noch sehe ich dich –
Fliege fort
schnell
schneller, schneller –

DAS LICHT GELÖSCHT

Und wieder die Nacht, diese Nacht – die Nacht
der ins Dunkel lauschenden Kranken.
Wind bauscht den Vorhang. Mückengesumm.
Rauschende Flügelgedanken –

SPRACHLOSIGKEIT

Versteint
im leer hallenden Gemäuer
des Schweigens
moosüberwachsen der Mund
ätzende Rinnsale das Gesicht furchend
erwarte ich den Eroberer
der diese unnütz gewordene Festung
schleift.

HERBST

Der brennende Oktober
Durchs geöffnete Fenster züngeln
die kühlen Flammen
bis an mein Lager.

So feurig stirbt die Natur
Doch ach wie aschenfahl
schattenhaft
mein Gott! Dein Mensch.

TABULA RASA

Trümmer meine Hände
verzerrte Gelenke
gelähmte Schenkel und ihr
ihr bleiernen Lippen –

Nur im Traum noch die Seligkeiten des Schreitens
nur noch im Traum das Entzücken der sanften Umarmung
nur noch im Traum die Sprache.

Aber wenn du erwachst
klaffen die Kiefer
für einen einzigen Schrei.

Doch es ertönt
nichts.

CHORAL

Nun wird es Zeit zu danken
eh Herz und Auge bricht
für alle Gottesgaben
für Leben, Luft und Licht –

Zu danken für die Eltern
die mir in dieser Welt
die blinden Kinderfüße
auf graden Weg gestellt –

Zu danken für die Freundschaft
die mir zur Seite ging
und oft mit starken Armen
den Taumelnden umfing –

Zu danken für die Liebe
die ich so oft verriet:
sie aber sang, die treue
das ewge Lebenslied –

Zu danken für den Sohn, den
die Liebe uns gebar:
er machte meinem Leben
kein einzges graues Haar –

Zu danken für die Enkel:
wie blüht das Leben fort!
Wie mir sei Gott Euch gnädig
an jedem Lebensort –

Zu danken für die Freuden:
Wie war die Welt so schön
um staunend voll Entzücken
von Glück zu Glück zu gehn –

Zu danken für die Leiden:
sie sühnten dunkle Schuld
und prüften Herz und Nieren
im Abgrund der Geduld –

Zu danken für die Tränen
des Lachens wie der Not:
die Not, ach, bittre Speise
das Lachen gut wie Brot –

Zu danken für die Gaben
der Kunst, der ich gehört
die mich seit Knabenjahren
besessen und betört –

Zu danken für die Vielen
die meinen Sinn erfühlt
und meine Sprache liebten:
für sie hab ich gespielt –

Dank für die Welt von Träumen
Dank für die Wirklichkeit
Dank, daß ich nie dem Nichts erlag
in dieser schwarzen Zeit –

Nun wird es Zeit zu danken ...
Das Wort vermag es nicht!
Doch Du nimm den Verstummten
Herr, wortlos heim ins Licht.

DIE WAHRHEIT

Daß niemand prahl, ich sei ein Held gewesen!
Zwar konnt ich fest dem Tod entgegenschauen
Jedoch vorm Sterben fühlt ich kaltes Grauen.
Sterben ist einsam. Tod ist das Genesen.

Wohl werdet ihr in diesen Zeilen lesen
von unerschütterlichem Gottvertrauen.
Doch niemand kann auf Menschenkräfte bauen –
oh nein! Gott weiß: ich bin kein Held gewesen.

Ich habe viel und bitterlich geweint
in leerer Krankenzimmernacht gefangen
schwach wie ein Kind, das nach der Mutter greint

von Angst gewürgt, gejagt von schwarzem Bangen
dem nicht das kleinste Erdenlicht mehr scheint –
So, nackt und zitternd, sollt ich heimgelangen.

AUGENSCHEIN

Zur Nacht hat ein Sturm alle Bäume entlaubt
sieh sie an, die knöchernen Besen.
Ein Narr, wer bei diesem Anblick glaubt
es wäre *je* Sommer gewesen.

Und ein größerer Narr, wer träumt und sinnt
es könnt je wieder Sommer *werden*.
Und grad diese gläubige Narrheit, Kind,
ist die sicherste Wahrheit auf Erden.

AN MEINE ENKEL

Ich werde für Euch eine Sage sein
aus einer versunkenen Zeit:
Denn als ich starb, da wart Ihr noch klein
in Windel und Kinderkleid.

Erinnerungen bringen zurück
was mir begegnet war.
Sie berichten Euch von Leid und von Glück
mit dem ich gesegnet war.

Sie erzählen Euch von einem Mann
der Euren Vater geliebt
der nun, wie nur ein Vater es kann
diese Liebe Euch weitergibt.

Besteht diese Welt! In Freude und Leide
vertraut Gott unverwandt!
Christine und Daniel: Ich segne Euch Beide
aus fernem, verborgenem Land.

1904 7. Februar in Berlin geboren. Nach dem Abitur erstes Engagement bei Holtorf in Schleswig-Holstein.

1923 Engagement bei Erich Ziegel in Hamburg, darauf Rückkehr zu Holtorf.

1924 Engagement an die Kammerspiele München.

1926 Engagement durch Berthold Viertel nach Düsseldorf. Verehelichung mit Ruth Greiner.

1928–1932 in Berlin an verschiedenen Bühnen tätig.

1932 Engagement nach Darmstadt [zu Gustav Hartung]. Geburt des Sohnes.

1933 Emigration über Wien nach Zürich.

1933–1946 Mitglied des Zürcher Schauspielhauses.

1946–1950 Engagement in Basel [durch Kurt Horwitz].

1950 wieder in Zürich.

1952–1960 abwechselnd in Zürich und München.

1957–1960 Mitwirkung an den Salzburger Festspielen.

1960 Tod Ruth Ginsbergs.

1962 Verehelichung mit Miriam Spoerri.

1963 Rückkehr nach Berlin und letztes Auftreten.

1964 3. Dezember Tod Ernst Ginsbergs.

Carl Sternheim

in der Sammlung Luchterhand

Die Hose
Ein bürgerliches Lustspiel
SL 224
Am 20. Oktober 1911 begann die skandalumwitterte Aufführungsgeschichte von Sternheims Zyklus *Aus dem bürgerlichen Heldenleben* im wilhelminischen Deutschland. Verbote, Handgreiflichkeiten, Ehrenhändel begleiteten sie.
Theobald Maskes Frau Luise verliert auf offener Straße die zur wilhelminischen Zeit kaum aussprechbare Hose, und, zwischen Lächerlichkeit und Brutalität schwankend, vollzieht sich eine wechselvolle Ehetragödie.

Die Kassette
Komödie. SL 225
Sternheims Komödie wurde 1911 in Berlin uraufgeführt. Die außerordentlichen Theaterskandale, die die weiteren Premieren kurz nach der Uraufführung hervorriefen, bewiesen, wie sehr Sternheims Kritik den wunden Punkt des wilhelminischen Bürgertums getroffen hatte.
»Im tosendsten Gebrüll erschien Sternheim auf der Bühne und guckte auf die tobenden Zuschauer mit einem Lächeln, von dem ich sagen muß, es war wohl das süffisanteste Lächeln, das ich je gesehen habe ... Je kreischender und dräuender die Münchner, die sich zum Angriff von ihren Sitzen erhoben hatten, ihre Stimmen erschallen ließen, um so höhnischer kräuselten sich Sternheims Lippen.« *Stefan Großmann über die Premiere am Münchner Residenztheater (1921).*

Der Snob
Komödie. SL 378
Mit dieser Komödie errang Carl Sternheim seinen ersten großen Bühnenerfolg, die ersehnte Anerkennung als Bühnenautor. Der Snob, Christian Maske, ein überangepaßter Aufsteiger, bedient sich der Mittel, die ihm bislang den Eintritt in die höchsten Gesellschaftsschichten, die Finanzwelt und die Aristokratie, verwehrten; gezielt setzt er sein Kapital, das Geld, ein. Nicht nur er setzt sich damit ins Unrecht. Daß er Erfolg hat, spricht auch die nicht frei von Kritik, die ein solches Verhalten überhaupt erst ermöglichen.